PYTHON

현장에서 일하는 개발자 맞춤 입문서

개발자를 위한 파이썬

윤웅식 지음

지은이의 말

파이썬 입문서나 파이썬으로 특정 기술을 배우려는 사람들을 위한 중고급서는 많습니다. 하지만 그 중간, 즉 개발자로 일한 지 얼마 안 된 사람(초급에서 중급으로 넘어가는 사람이겠죠)들을 위한 파이썬 책은 그다지 많지 않다는 느낌이 들었습니다. 필자 개인적으로는 프로그래밍 언어에 공통으로 적용할 수 있는 기초 소양이 있다고 생각합니다. 이를 배운 개발자가 파이썬 입문서를 읽는다면 이미 배운 내용을 다시 읽느라 좀 지루할 수도 있다고 생각합니다. 한편으로 기초 소양이 있더라도 파이썬에 익숙하지 않다면 특정 기술을 배우는 데 집중하지 못하고 파이썬에 익숙해지는 데 시간을 허비하는 상황도 발생할 수 있다고 생각합니다.

이 책은 이러한 상황을 생각하고 "개발자 입장에서 꼭 필요한 내용만 담은 적당한 분량의 파이썬 입문서가 있으면 괜찮지 않을까?"라는 이유로 썼습니다. 파이썬이 유망하다고 해서 배웠는데 아직 그 쓰임새를 잘 모르겠다거나, 다른 프로그래밍 언어는 아는데 파이썬을 몰라 빠르게 배우고 싶거나, 파이썬으로 나에게 필요한 유틸리티를 만들고 싶은 사람이라면 이 책으로 도움을 받을 수 있습니다. 또한 개발자로서 좀 더 자신의 지평을 넓히고 싶은 사람들에게도 좋은 책이 될 것으로 생각합니다. 단, 프로그래밍 자체를 처음 접하는 사람들에게는 불친절한 느낌이 들 수 있습니다. 이 점은 미리 밝혀둡니다.

너무 어렵지 않게, 또 너무 쉽지 않은 예제를 구성하는 것이 만만치 않아 많은 시간이 걸렸습니다. 하지만 그 과정에서 파이썬의 더 큰 가능성을 느낄 수 있었습니다. 또한 파이썬이 실제 현업에서 일할 때 가려운 부분을 긁어주는 만능의 도구라는 생각을 하게 되었습니다. 아무튼 이런저런 이유로 기획부터 출판까지 3년이라는 시간 동안 정말 여러모로 많은 분의 도움을 받았습니다. 한빛미디어의 이중민 님, 윤인성 저자님, 그 외 심심할 때 놀아준 분들, 예제 아이디어 제공에 도움을 주신 분들 모두에게 감사드립니다.

윤웅식

서문

이 책의 대상 독자

이 책은 파이썬을 배우려는 프로그래밍 경험자를 위해 쓴 책입니다. 다음과 같은 상황에 있다면 이 책으로 도움을 받을 수 있습니다.

- 다른 프로그래밍 언어를 배웠으나 파이썬은 처음 배운다.
- 이미 파이썬을 배웠지만 무엇을 할지 전혀 모르겠다.

이 책의 구성

이 책은 크게 두 부분으로 구성되어 있습니다. 1부에서는 파이썬의 기본을 설명하고 2부에서는 파이썬을 이용한 실용 예제를 구현해봅니다.

1부는 독자가 이미 다른 프로그래밍 언어를 어느 정도 안다고 전제합니다. 따라서 기초 개념을 설명하기보다 '다른 프로그래밍 언어에서는 이렇고, 파이썬에서는 이렇다'라는 관점으로 파이썬을 설명하는 데 중점을 둡니다.

2부는 기본을 배운 것만으로도 할 수 있는 예제 만들기로 구성했습니다. 특별한 기술이 없어도 기본기 + 새로운 패키지만으로도 해볼 수 있는 작은 프로젝트들입니다. 파이썬은 실무에서 대규모 애플리케이션을 만드는 일보다는 유틸리티 성격의 프로젝트를 자주 만드는 편입니다(실제 필자도 경험했습니다). 이러한 경험을 바탕으로 비교적 쉽게 시작할 수 있는 예제들을 소개합니다. 예제 구성은 다음과 같습니다.

9장에서는 스크래피라는 파이썬 프레임워크로 웹 페이지의 원하는 데이터를 크롤링하는 간단한 크롤러를 만듭니다. 이를 읽고 나면 다양한 크롤러를 만드는 기본을 익힐 것입니다.

10장에서는 초소형 데이터베이스인 SQLite를 파이썬에서 다루는 방법을 배웁니다. 해당 부분을 익히면 다른 데이터베이스를 파이썬에서 다룰 때도 큰 어려움이 없을 겁니다.

11장에서는 파이썬의 대표적인 웹 프레임워크인 플라스크로 API 서버를 만들어봅니다. 앞으로 가벼운 웹 API를 배포해야 할 때 큰 도움이 될 것입니다.

12장에서는 최근 커뮤니케이션 도구로 많은 관심을 받는 슬랙에서 원하는 데이터를 보내는 봇을 만들 것입니다. 특정 형식의 데이터를 입력하면 결과를 내는 주사위 봇을 만드는 과정과 봇으로 정기적인 작업을 실행하는 방법을 살펴봅니다.

13장에서는 RabbitMQ 기반의 메시지 큐 다루기를 소개합니다. 또한 셀러리라는 파이썬 패키지로 메시지 큐를 분산 처리하는 방법도 살펴봅니다.

14장에서는 파이썬의 대표적인 데이터 분석 도구인 팬더스의 기본 사용 방법을 익혀봅니다. 팬더스의 두 가지 중요한 데이터 타입을 살펴보고 데이터를 가져오고 저장하는 방법부터 데이터 분석과 그래프 만들기 작업까지 해볼 것입니다.

15장은 네이버와 카카오에서 제공하는 Open API를 다루는 방법을 배웁니다. 먼저 Open API의 기본 사용 방법을 살펴보고 3개 사이트의 Open API를 조합하는 매시업 API 서버를 만들어볼 것입니다.

이 책을 읽는 방법

이 책은 완전 초보를 대상으로 하지 않으므로 cron 사용법, 터미널 사용법, macOS나 우분투의 기본적인 개발 환경 설정 방법 등은 이미 알 것이라 전제하고 설명하지 않습니다. 해당 부분을 잘 모르는 사람이라면 이미 출간된 리눅스 입문서나 터미널 명령어 사전을 읽기 바랍니다. 또한 대부분의 예제 코드는 윈도우에서 실행할 수 없는 건 아니지만 macOS나 리눅스에서 실행하는 편이 좋습니다.

이미 어느 정도 파이썬을 아는 독자라면, 1부를 건너뛰고 바로 2부만 보아도 좋을 것입니다. 파이썬을 배웠는데 어떻게 써먹어야 할지 모르겠다는 분이라면 더더욱 그렇습니다. 지금 자기 일에 이 책에서 소개하는 파이썬 예제가 필요한 분이라면 이 책과 다른 파이썬 입문서 한 권을 함께 보길 권합니다. 아마 적어도 초보는 확실하게 벗어날 수 있을 것입니다.

CONTENTS

PART ▌ 빠르게 살펴보는 파이썬 기초

CHAPTER 1 파이썬 프로그래밍 준비와 시작

CHAPTER 2 파이썬의 주요 특징

CONTENTS

CHAPTER **3** 데이터 타입과 기본 연산자

CONTENTS

CONTENTS

CHAPTER **14** 팬더스로 데이터 분석하기

14

빠르게 살펴보는
파이썬 기초

1부에서는 파이썬의 역사와 특징을 소개하고 다른 프로그래밍 언어를 배운 사람이 파이썬을 이해하는 데 꼭
필요한 최소한의 기본 문법을 설명합니다. 1부를 꼼꼼하게 읽어본다면 현업에서 빠르게 파이썬을 활용하는 데
훌륭한 가이드가 되어 줄 것입니다.

Part I

빠르게 살펴보는 파이썬 기초

파이썬 프로그래밍 준비와 시작

이번 장에서는 파이썬이 무엇인지, 파이썬을 활용하는 법을 배우기 전에 파이썬 그 자체를 알아보겠습니다. 파이썬의 역사부터 시작해서, 조금은 어려울 수 있는 Hello World 예제까지 해보겠습니다.

1.1 파이썬의 역사

파이썬은 1991년에 귀도 반 로섬^{Guido van Rossum}이 발표한 프로그래밍 언어입니다. 동적 타이핑 스크립트 언어로, 이와 비교할만한 언어라고 한다면 펄^{Perl}이나 루비^{Ruby} 등을 이야기할 수 있습니다. 파이썬은 뱀 이름이기도 하지만 귀도는 자신이 좋아하는 '몬티 파이썬의 플라잉 서커스'에서 이름을 따왔다고 밝혔습니다.

파이썬은 점점 발전해서 현재 프로그래밍 언어의 인기도를 조사해 공개하는 TIOBE Index[1] 순위에서 상위권을 유지하고 있습니다.

---

[1] http://www.tiobe.com/tiobe-index

그림 1-1 TIOBE Index

TIOBE Index for October 2017

October Headline: Swift is losing popularity

In the beginning of this year the programming language Swift peaked at a rating of 2.3% in the TIOBE index and even reached a top 10 position. But now it is back at position 16 and constantly declining month after month. Until recently it was quite common to program Android apps in Java and iOS apps in Swift/Objective-C. This is quite cumbersome because you have to maintain two code bases that are doing almost the same. So frameworks for mobile hybrid apps were developed and now that they have grown mature these are becoming very popular. Market leaders in this area are Microsoft's Xamarin (C#), Apache's Cordova (JavaScript) and Ionic (JavaScript). The consequences of all of this are that languages such as C# and JavaScript are gaining popularity at the cost of languages such as Java and Swift.

The TIOBE Programming Community index is an indicator of the popularity of programming languages. The index is updated once a month. The ratings are based on the number of skilled engineers world-wide, courses and third party vendors. Popular search engines such as Google, Bing, Yahoo!, Wikipedia, Amazon, YouTube and Baidu are used to calculate the ratings. It is important to note that the TIOBE index is not about the *best* programming language or the language in which *most lines of code* have been written.

The index can be used to check whether your programming skills are still up to date or to make a strategic decision about what programming language should be adopted when starting to build a new software system. The definition of the TIOBE index can be found here.

Oct 2017	Oct 2016	Change	Programming Language	Ratings	Change
1	1		Java	12.431%	-6.37%
2	2		C	8.374%	-1.46%
3	3		C++	5.007%	-0.79%
4	4		C#	3.858%	-0.51%
5	5		Python	3.803%	+0.03%
6	6		JavaScript	3.010%	+0.26%
7	7		PHP	2.790%	+0.05%
8	8		Visual Basic .NET	2.735%	+0.08%
9	11	^	Assembly language	2.374%	+0.14%
10	13	^	Ruby	2.324%	+0.32%
11	15	⋀	Delphi/Object Pascal	2.180%	+0.31%

파이썬은 현재 2.x와 3.x 버전을 유지하고 있습니다. 2.x는 '2.7.x'의 형태로 지원은 계속 하지만 새로운 기능이 추가되는 메이저 업데이트는 없을 것으로 말하는 버전입니다.

3.x는 앞으로도 계속 발전할 버전입니다. 프로젝트에 사용하는 라이브러리가 특별히 2.x만 지원하는 것이 아니라면 3.x를 사용하길 권합니다. 이 책은 3.x를 기준으로 설명합니다.

1.2 파이썬을 익히면 좋은 점

위키백과에서는 파이썬의 특징을 다음과 같이 표현합니다.

> **초보자부터 전문가까지 사용자층을 보유하고 있으며, 다양한 플랫폼에서 쓸 수 있고, 라이브러리(모듈)가 풍부하여, 대학을 비롯한 여러 교육 기관, 연구 기관 및 산업계에서 이용이 증가하고 있다.**

즉, 어떤 연구 과정에서 프로그래밍이 필요할 때 파이썬으로 쉽고 빠르게 아이디어를 실증해볼 수 있다는 의미입니다. 이는 강력한 IDE를 제공하며, 컴파일하지 않고 변경 사항을 즉시 확인할 수 있다는 장점 때문이라고 생각합니다.

또한 C나 자바 등으로 구현하기 번거로운 각종 반복 작업을 쉽게 구현해 자동화할 수 있습니다. 이는 수많은 라이브러리 덕분입니다. 또한 운영체제를 가리지 않는 호환성은 어떤 환경에서 파이썬으로 구현한 프로그램을 실행해도 작업에 차질이 없게끔 합니다.

2010년대에는 프로그래밍 교육용 언어로 파이썬을 도입하고 있습니다.

1.3 파이썬 활용이 활발한 개발 분야

파이썬은 다양한 분야에서 활용합니다. 그 중 유명한 몇 가지 분야와 그에 맞는 라이브러리나 프레임워크를 소개하겠습니다.

1.3.1 웹 애플리케이션 개발

파이썬을 많이 사용하는 분야로 웹 애플리케이션 개발이 있습니다. 이 분야에는 유명한 2개의 프레임워크가 있습니다. 하나는 플라스크^{Flask}[2]입니다. 'microframework for Python'이라는 소개글처럼 정말 간단한 웹이나 모바일 앱 서버를 만들기에 적합한 웹 프레임워크입니다.

그림 1-2 플라스크

---

[2] http://flask.pocoo.org/

또 다른 프레임워크로는 장고Django[3]가 있습니다. 장고는 웹 사이트를 구축할 때 필요한 회원 가입, 로그인, 로그아웃과 같은 각종 요소를 미리 구축해놓았다는 장점이 있습니다.

그림 1-3 장고

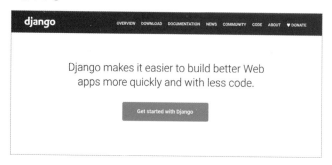

1.3.2 크롤링

웹 페이지에서 필요한 데이터를 수집하는 것을 크롤링이라고 합니다. 검색 엔진에서 유용한 검색 결과를 내는 데는 크롤링이 큰 역할을 했습니다. 또한 다음에 소개할 데이터 과학에 필요한 원 데이터를 수집하는 데도 활용할 수 있습니다.

파이썬에서 많이 사용하는 크롤링 라이브러리로는 뷰티풀 수프Beautiful Soup[4]가 있습니다. 프레임워크로는 스크래피scrapy[5]가 있습니다.

뷰티풀 수프는 HTML을 파싱하는 데 사용하는 라이브러리로 구문 분석, 트리 탐색, 검색과 수정을 위한 관용구를 이용해 문서를 분석하고 필요한 것을 추출합니다. 애플리케이션을 작성하는 데 많은 코드가 필요하지 않고, 문서 인코딩을 자동으로 UTF-8로 변환하는 등의 기능이 있습니다. 또한 lxml[6]이나 html5lib[7]과 같은 인기 있는 파이썬 파서와 함께 사용할 수 있기도 합니다.

3 https://www.djangoproject.com/

4 https://www.crummy.com/software/BeautifulSoup/

5 https://scrapy.org/

6 http://lxml.de/

7 https://pypi.python.org/pypi/html5lib

그림 1-4 뷰티풀 수프

스크래피는 웹 크롤링을 지원하는 프레임워크입니다. 데이터를 추출하는 규칙을 작성하면 나머지는 스크래피를 이용해 크롤링을 처리할 수 있습니다. 구조화되어 있는 데이터를 추출하는 데 강점이 있습니다. 또한 스크래피 코어를 수정하지 않고도 쉽게 새로운 기능을 연결할 수 있기도 합니다.

그림 1-5 스크래피

1.3.3 데이터 과학과 인공지능 개발

빅데이터, 머신러닝 등 데이터를 분석해서 활용하는 데이터 과학과 인공지능 분야는 파이썬을 굉장히 활발하게 활용하는 분야입니다.

팬더스pandas[8]는 사용하기 쉬운 고성능의 데이터 구조 및 데이터 분석 도구를 제공하는 라이브러리입니다.

그림 1-6 팬더스

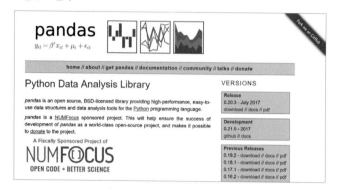

또한 NumPy와 SciPy도 유명한 데이터 분석 도구입니다. NumPy[9]는 과학 연구 컴퓨팅에 필요한 구성 요소가 있는 패키지입니다. N차원 배열 객체를 만든다거나 선형대수, 푸리에 변환, 난수 변환 기능 등을 포함합니다.

그림 1-7 NumPy

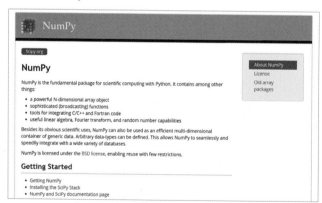

---

8 http://pandas.pydata.org/
9 http://www.numpy.org/

SciPy[10]는 수학, 과학, 공학을 위한 오픈 소스 소프트웨어 패키지입니다. 앞서 소개한 NumPy, 팬더스와 SciPy 라이브러리, IPython, Sympy, Matplotlib 등을 포함한 코어 패키지라고 소개합니다.

그림 1-8 SciPy

머신러닝에 이용하는 라이브러리로는 scikit-learn[11]이 있습니다. 방금 설명한 SciPy를 기반으로 데이터 마이닝과 머신러닝 서비스를 구현할 수 있는 파이썬 모듈입니다.

그림 1-9 scikit-learn

---

10 http://www.scipy.org/
11 http://scikit-learn.org/

구글에서 만든 텐서플로TensorFlow[12]는 수학, 물리학, 통계학 등 다양한 학문 문야에서 활용할 수 있는 머신러닝 및 딥러닝 라이브러리입니다. CPU/GPU에서 동작할 수 있으며 연산 구조와 함수를 정의하면 미분 계산을 처리하고 이를 그래프로 표현하는 등 복잡한 데이터 연산에 최적화되어 있습니다. 머신러닝과 딥러닝에 관심 있는 개발자라면 들어봤을 것입니다.

그림 1-10 텐서플로

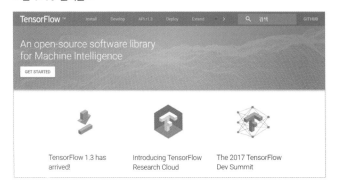

> **NOTE_ 파이썬을 활용할 수 있는 분야**
>
> 파이썬을 활용할 수 있는 분야에는 무엇이 있을까요? 이를 소개하는 대표적인 웹 사이트가 두 가지 있습니다. 하나는 위키백과의 'List of Python software[13]'입니다. 지금까지 파이썬으로 개발한 다양한 소프트웨어의 목록을 알려줍니다.
>
> **그림 1-11** 위키백과 List of Python software

---

12 https://www.tensorflow.org/
13 https://en.wikipedia.org/wiki/List_of_Python_software

다른 하나는 'Awesome Python[14]'입니다. 여기는 파이썬을 활용할 수 있는 분야와 해당 분야에서 사용하는 프레임워크나 라이브러리가 무엇이 있는지 잘 정리되어 있습니다.

그림 1-12 Awesome Python

1.4 파이썬 개발 환경 설치

이제 파이썬을 본격적으로 시작하기 위한 개발 환경을 설치해보겠습니다. 여기에서는 운영체제별 설치 방법을 간단하게 소개하겠습니다.

1.4.1 우분투

우분투는 파이썬 2.x 버전과, 3.x 버전 모두 기본으로 탑재하고 있으므로 우분투 설치만으로도 파이썬을 활용할 준비는 끝난 상태입니다. 파이썬이 설치되어 있는지 확인하려면 python -V(2.x 버전) 혹은 python3 -V(3.x 버전) 명령을 실행하면 됩니다(V를 꼭 대문자로 입력해야 합니다).

하지만 간혹 설치되어 있지 않은 경우도 있습니다. 수동으로 설치하고 싶다면 아래 명령으로 설치하면 됩니다.

```
$ sudo apt-get install python버전넘버
```

---

14 http://awesome-python.com/

'버전넘버'에는 '2.7', '3.5', '3.6' 등의 형식으로 자신이 원하는 버전을 입력하면 됩니다.

그림 1-13 우분투 파이썬 설치 확인

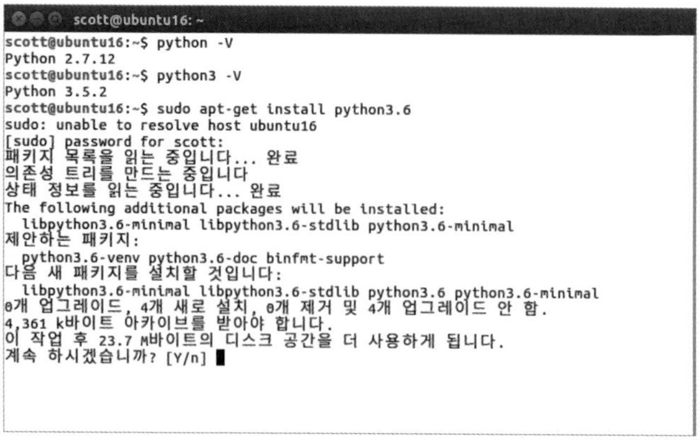

```
scott@ubuntu16: ~
scott@ubuntu16:~$ python -V
Python 2.7.12
scott@ubuntu16:~$ python3 -V
Python 3.5.2
scott@ubuntu16:~$ sudo apt-get install python3.6
sudo: unable to resolve host ubuntu16
[sudo] password for scott:
패키지 목록을 읽는 중입니다... 완료
의존성 트리를 만드는 중입니다
상태 정보를 읽는 중입니다... 완료
The following additional packages will be installed:
  libpython3.6-minimal libpython3.6-stdlib python3.6-minimal
제안하는 패키지:
  python3.6-venv python3.6-doc binfmt-support
다음 새 패키지를 설치할 것입니다:
  libpython3.6-minimal libpython3.6-stdlib python3.6 python3.6-minimal
0개 업그레이드, 4개 새로 설치, 0개 제거 및 4개 업그레이드 안 함.
4,361 k바이트 아카이브를 받아야 합니다.
이 작업 후 23.7 M바이트의 디스크 공간을 더 사용하게 됩니다.
계속 하시겠습니까? [Y/n] ▊
```

> **NOTE_ 파이썬 최신 버전이 설치되지 않았다면**
>
> 우분투 리눅스에 최신 파이썬 버전이 설치되지 않은 경우가 있습니다. 이때는 앞에서 소개한 명령만으
> 로는 파이썬 최신 버전을 설치할 수 없습니다. 다음 명령을 차례로 실행해서 파이썬 최신 버전을 설치하
> 세요.
>
> ```
> $ sudo add-apt-repository ppa:jonathonf/python-3.x
> $ sudo apt-get update
> $ sudo apt-get install python3.x
> ```

1.4.2 macOS

macOS는 파이썬 2.7만 기본으로 탑재하고 있습니다. 따라서 파이썬 3는 별도로 설치해야 합니다. macOS에서 파이썬을 설치할 때는 파이썬 설치 파일을 다운로드해서 설치하는 방법과 'Homebrew'라는 패키지 관리자를 이용해 설치하는 방법이 있습니다.

Homebrew를 이용한 파이썬 설치

Homebrew는 macOS에서 소프트웨어를 설치하고 버전별로 관리할 수 있는 패키지 관리 시스템의 하나입니다.

실무에서 파이썬을 사용할 때는 다양한 패키지나 가상 환경(부록 A 참고)을 구축할 때가 많으므로 개발자라면 Homebrew를 이용해 파이썬을 설치하길 권합니다.

Homebrew 홈페이지[15]에서 설치 안내를 확인할 수 있습니다.

그림 1-14 Homebrew 홈페이지

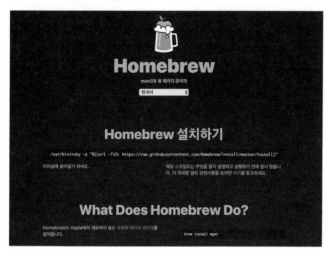

[응용 프로그램] → [유틸리티] → [터미널]을 실행한 후 'Install Homebrew' 아래에 있는 다음 명령을 복사해 붙여넣은 후 실행하면 설치가 끝납니다.

```
$ /usr/bin/ruby -e "$(curl -fsSL https://raw.githubusercontent.com/Homebrew/
  install/master/install)"
```

Homebrew를 설치하면 파이썬 설치 준비가 끝난 셈입니다. 다음 명령을 터미널에서 실행하면 됩니다(우분투와 달리 .x를 붙이지 않아야 한다는 점에 주의하세요).

```
$ brew install python3
```

설치하는 데는 시스템에 따라 일정 시간이 소요됩니다. 차분히 기다리길 바랍니다.

---

15 https://brew.sh/index_ko.html

파이썬 설치 파일

파이썬 개발 환경 다운로드 사이트[16]를 방문해 자신의 운영체제에 맞는 설치 파일을 다운로드
한 후 설치하면 됩니다. 이 책에서는 3.x 버전을 활용할 것이니 〈Download Python 3.x.x〉
버튼을 눌러 설치 파일을 다운로드합니다.

그림 1-15 파이썬 다운로드 페이지(macOS)

설치는 〈계속〉 버튼을 누르면 되므로 따로 설명하지는 않겠습니다.

----

16 https://www.python.org/downloads/

1.4.3 윈도우

윈도우는 우분투나 macOS와는 달리 파이썬이 기본으로 설치되어 있지 않습니다. 따라서 직접 파이썬 개발 환경 다운로드 사이트에서 파일을 다운로드해서 설치해야 합니다.

먼저 파이썬 개발 환경 다운로드 사이트에 접속합니다. 다음과 같은 〈Download Python 3.x.x〉 버튼을 눌러 파일을 다운로드합니다. 대부분 운영체제 버전에 맞춰서 알맞은 설치 파일을 자동으로 골라서 보여줍니다.

그림 1-16 파이썬 다운로드 페이지(윈도우)

다운로드한 파일을 더블 클릭해 설치를 시작합니다. 설치할 때는 꼭 [Add Python 3.5 to PATH]의 체크를 켜주세요. 윈도우의 명령 프롬프트 혹은 Windows PowerShell을 실행하면 파이썬을 바로 사용할 수 있습니다.

그림 1-17 파이썬 설치에 필요한 설정

설치가 완료되면 시작 메뉴에서 [Python 3.x]를 선택합니다.

그림 1-18 파이썬 개발 환경 구성

REPL^{Read‑eval‑print loop} 방식으로 파이썬을 실행하는 [Python 3.x (32‑bit)]를 실행합니다.

그림 1-19 파이썬 인터프리터 실행

이제 윈도우에서 파이썬을 실행할 준비가 끝났습니다.

1.5 조금은 어려운 Hello World

파이썬으로 무언가를 하기가 얼마나 간단한지는 다음 코드만 봐도 알 수 있습니다. 일단은 전통적인 Hello World, 즉 출력입니다.

코드 1-1 Hello World

```
In[1]:
print("Hello Miku!")

Out[1]:
Hello Miku!
```

파이썬의 철학 중 하나로 '건전지 포함Batteries included'이라는 개념입니다. 여러 가지 기본적인 라이브러리들을 포함시켜 별도로 찾아 설치하지 않아도 바로 사용할 수 있게 하자는 것이죠. 참고로 파이썬에서 기본으로 제공하는 표준 라이브러리의 목록은 'The Python Standard Library[17]'에서 확인할 수 있습니다. 여기 있는 방대한 라이브러리들이 파이썬 기본 라이브러리입니다.

> **NOTE_ 이 책의 코드 표기 방식**
>
> 이 책의 예제는 터미널이나 파이썬 셸에서 py 파일을 실행하면 좋은 예제와 부록 B에서 설명하는 Jupyter Notebook에서 실행하면 좋은 예제가 있습니다. 후자의 경우는 코드 부분 위에 In[숫자]:를, 출력 결과 부분 위에는 Out[숫자]: 형태로 표기했습니다. Jupyter Notebook 자세한 사용 방법은 해당 부록을 참고하기 바랍니다.

1.5.1 입력과 출력

100번의 설명보다 한 번의 코드가 더 좋은 법입니다. 입력을 받은 후 해당 내용을 출력하는 간단한 파이썬 코드를 소개하겠습니다.

---

17 https://docs.python.org/3/library/index.html

코드 1-2 입력을 받은 후 출력

```
In[2]:
user_name = input("Please input Your name: ")
user_number = input("Please input your favorite number: ")

print("%s's favorite number is %d"%(user_name, int(user_number) ))

Out[2]:
Please input Your name: Miku
Please input your favorite number: 39
Miku's favorite number is 39
```

그럼 여기서 조금 더 나아가서 파일을 읽고 쓰는 것을 해보겠습니다. 예제 파일 ch01 디렉터리 안에 있는 test.csv 파일을 이용하겠습니다. 파일 안에는 0~99의 숫자가 열 하나에 입력되어 있습니다.

코드 1-3 파일 읽고 쓰기

```
In[3]:
infile_name = input("Please input file name: ")
outfile_name = "out.log"

with open(infile_name) as infile:
    with open(outfile_name, "w") as outfile:
        for in_line in infile.readlines():
            outfile.write("read from '%s' : %s"%(infile_name, in_line))

Out[3]:
Please input file name: test.csv
```

입력 파일을 test.csv라고 입력하면 출력 파일은 out.log라고 생성되며 다음과 같은 출력 내용을 저장합니다.

```
read from 'test.csv' : 0
read from 'test.csv' : 1
read from 'test.csv' : 2
read from 'test.csv' : 3
read from 'test.csv' : 4
```

```
# 중간 생략
read from 'test.csv' : 95
read from 'test.csv' : 96
read from 'test.csv' : 97
read from 'test.csv' : 98
read from 'test.csv' : 99
```

즉, [코드 1-3]은 입력받은 파일을 열어서 한 줄마다 "read from 'test.csv' :"라는 메시지를 덧붙여서 새로운 파일을 만드는 프로그램입니다. 여기서는 단순히 메시지를 복사했지만 사용자가 원하는 바에 따라서 중간에 다양한 계산을 할 수도 있을 겁니다.

## CHAPTER 2

파이썬의 주요 특징

이 장에서는 파이썬의 특징을 알아보도록 하겠습니다. 다른 언어에는 없는 파이썬만의 특징들을 하나씩 짚어보면, 왜 파이썬 코드가 그렇게 이뤄졌는지 알 수 있을 겁니다. 그리고 어떤 코드를 짜야 할지도 대략적으로 감을 잡을 수 있을 겁니다.

2.1 파이썬 코드가 말하는 파이썬의 특징

위키백과[1]에서는 파이썬을 다음과 같이 정의합니다.

플랫폼 독립적이며 인터프리터 방식, 객체지향적, 동적 타이핑(dynamically typed) 대화형 언어

뭔가 아쉬운 기분이 드는 건 어쩔 수 없습니다. 파이썬을 가장 잘 나타내는 것이 있다면, 'The Zen of Python[2]'이라고 하는 문서일 겁니다. 이 문서는 19줄의 짧은 문장으로 파이썬을 사용하는 사람들이 추구해야 할 가치를 명쾌하게 이야기하고 있습니다. 여기서는 그 일부를 인용해보겠습니다.

- Beautiful is better than ugly. (추한 것보다는 예쁜 것이 좋다)
- Explicit is better than implicit. (모호함보다는 명쾌함이 좋다)

---

1 https://ko.wikipedia.org/wiki/파이썬
2 https://www.python.org/dev/peps/pep-0020/

- Simple is better than complex. (복잡함보다는 단순함이 좋다)

- Readability counts. (가독성에 신경 써야 한다)

- There should be one-- and preferably only one --obvious way to do it. (**선호할 수 있는 확실한 방법이 있어야 한다**)

즉, 보거나 읽기 좋고, 명시적이고, 간단하고, 누가 생각해도 같은 방법에 다다를 수 있게 작성하는 것을 장려하는 것이 파이썬입니다.

Zen of Python은 파이썬 콘솔에서 import this라고 입력해도 볼 수 있습니다. 말 그대로 파이썬 안에 자신이 따라야 할 길이 있는 셈이죠.

코드 2-1 Zen of Python

```
In[1]:
import this

Out[1]:
The Zen of Python, by Tim Peters

Beautiful is better than ugly.
Explicit is better than implicit.
Simple is better than complex.
Complex is better than complicated.
Flat is better than nested.
Sparse is better than dense.
Readability counts.
Special cases aren't special enough to break the rules.
Although practicality beats purity.
Errors should never pass silently.
Unless explicitly silenced.
In the face of ambiguity, refuse the temptation to guess.
There should be one— and preferably only one --obvious way to do it.
Although that way may not be obvious at first unless you're Dutch.
Now is better than never.
Although never is often better than *right* now.
If the implementation is hard to explain, it's a bad idea.
If the implementation is easy to explain, it may be a good idea.
Namespaces are one honking great idea — let's do more of those!
```

이번 장에서는 이러한 철학 아래 파이썬의 주요 특징을 살펴보겠습니다.

2.2 들여쓰기

여러분이 배웠을 C 언어의 Hello World 구문을 살펴보겠습니다.

코드 2-2 C 언어의 Hello World

```
#include <stdio.h>

void main()
{
    printf("Hello World\n");
}
```

코드 블록을 구분하는 중괄호 다음의 printf() 함수에서 들여쓰기합니다. 그런데 정확히 말하자면 들여쓰기 자체는 문법과 아무런 상관이 없습니다. 사용자가 코드 흐름을 이해하기 편하도록 어떤 약속을 정한 것에 불과합니다.

하지만 파이썬에서는 들여쓰기가 문법의 일부입니다. 같은 깊이만큼 들여쓰기가 되어 있다면 같은 레벨의 블록으로 인식합니다.

코드 2-3 들여쓰기

```
In[2]:
print("World is mine")

You = "Miku"

if You == "Miku":
    print("39!")

def working():
    return False

Out[2]:
World is mine
39!
```

사실 프로그래밍 언어의 들여쓰기 방법 중 어떤 것이 제일 읽기 좋은지를 두고 갑론을박이 벌어지곤 합니다. 같은 프로젝트를 진행하는 개발자 사이에서 들여쓰기가 맘에 들지 않아 코드를 자기 스타일로 다시 정리하는 상황이 생각보다 흔한 일이기도 합니다. 위키백과에도 코드의 들여쓰기 스타일을 설명하는 개별 문서인 Indent style[3]가 있을 정도입니다. 무려 여덟 가지의 들여쓰기 스타일을 보여줍니다.

표 2-1 일반 프로그래밍 언어의 들여쓰기 스타일(출처: 위키백과)

들여쓰기 스타일	명칭

while (x = y) {
    something();
    somethingelse();
}
	crK&R and 문서:
	1TBS, Stroustrup, Linux kernel, BSD KNF

while (x = y)
{
    something();
    somethingelse();
}
	Allman

while (x = y)
  {
    something();
    somethingelse();
  }
	GNU

while (x = y)
    {
    something();
    somethingelse();
    }
	Whitesmiths

while (x = y)
{   something();
    somethingelse();
}
	Horstmann

while (x = y) { something(); somethingelse(); }	Pico

----

3 https://en.wikipedia.org/wiki/Indent_style

들여쓰기 스타일	명칭

while (x == y) {
    something();
    somethingelse();
   }
	Ratliff

while (x == y) {
    something();
    somethingelse(); }
	Lisp

하지만 파이썬은 가독성에 신경 써야 한다는 디자인 철학을 따르기 위해 명시적인 블록 구분법으로 들여쓰기를 적용했습니다. 시각적으로 확연하게 구분되는 블록 구분법을 사용함으로써, 사람이 읽기 쉬운 코드를 지향합니다.

코드 2-4 for 문과 if-else 문의 들여쓰기

```
In[3]:
for i in range(10):
    if i % 2 == 0:
        print(i ** 2)
    else:
        if i < 5:
            print("Under 5!")
        else:
            print("Over 5!")

Out[3]:
0
Under 5!
4
Under 5!
16
Over 5!
36
Over 5!
64
Over 5!
```

따라서 파이썬은 C나 자바 등에서 발생하는 괄호 위치 논쟁이 발생하지 않습니다. 모두가 같은 모양으로 코드를 작성할 수 있으므로 다른 사람의 코드를 읽기 쉬워집니다.

2.3 세미콜론 없음

기존의 다른 프로그래밍 언어, 특히 세미콜론으로 구문statement을 구분하는 C나 자바의 경우 원칙적으로는 [코드 2-5]처럼 한 줄에 여러 개의 구문이 들어갈 수 있습니다(위키백과에서는 이를 'One-Liner program[4]'이라고 말하기도 합니다).

코드 2-5 C의 Best one-liner

```
main(int c,char**v){return!m(v[1],v[2]);}m(char*s,char*t){return*t-42?*s?63==*t|*s==*t&&m
(s+1,t+1):!*t:m(s,t+1)||*s&&m(s+1,t);}
```

Zen of Python에서 말했듯이 명시적이어야 좋다가 파이썬의 디자인 철학입니다. 따라서 읽는 사람을 혼란스럽게 하는 애매한 코드를 허용하지 않으려 합니다. 그래서 구문을 구분할 때는 눈으로 확실하게 보이는 명시적인 한 행을 사용하는 것이죠. 이는 바로 앞의 들여쓰기와 같은 맥락인 셈입니다. 기술적으로 생각해보면 타 언어에서의 세미콜론이 파이썬에서는 한 행과 같다고도 할 수 있겠습니다.

그런데 세미콜론을 사용해야 하는 경우도 있습니다. 이런 경우 다음 코드처럼 사용합니다.

코드 2-6 파이썬에서 세미콜론 사용

```
if grade == 5 : a = 1; b = 2; c = 3;
```

간혹 한 행의 내용이 간단해서 코드 가독성에 큰 무리가 없는 경우라면 이런 방식으로 코드를 작성해도 괜찮습니다.

2.4 인터랙티브 인터프리터

파이썬은 스크립트 언어[5]입니다. C나 자바와는 달리 파이썬은 실행되는 순간에 코드를 읽어 들이면서 컴파일하는 JIT$^{Just\ In\ Time}$ 방식을 사용하죠.

----

4 https://en.wikipedia.org/wiki/One-liner_program
5 https://ko.wikipedia.org/wiki/스크립트_언어

이를 지원하기 위해 파이썬에는 인터랙티브 인터프리터를 제공합니다(1장에서 여러분이 살펴봤을 겁니다). 이를 이용해서 한 줄 한 줄 코드를 실행해볼 수 있습니다. 유닉스 셸이나, 윈도우 명령 프롬프트에서 어떤 명령을 입력하면 바로 실행되는 것을 떠올리면 됩니다.

그림 2-1 인터랙티브 인터프리터

이는 코드가 변경될 때마다 컴파일해야 할 필요가 없다는 이야기고, 곧바로 변경 결과를 확인할 수 있다는 의미입니다. 따라서 개발 과정에 어마어마한 속도 향상을 가져다 줍니다.

2.5 py 파일 실행

앞서 설명한 인터랙티브 인터프리터는 협업하거나 일정 규모 이상의 프로젝트를 진행할 때는 비효율적일 때도 많습니다. 즉, 인터랙티브 인터프리터를 사용해서 개발할 수 있는 상황이 아닐 때도 있다는 말입니다. 파이썬 코드는 py라는 확장자로 저장할 수 있으며, 파이썬 인터프리터는 해당 확장자로 된 파일을 곧바로 파이썬 코드로 인식할 수 있습니다. 그리고 커맨드 라인에서 파이썬을 실행시킬 때 인수로 py 파일을 전달하는 것, 즉 python 파일이름.py라는 명령을 실행하면, 파이썬 인터프리터는 곧바로 해당 파일 안의 코드를 실행합니다.

그림 2-2 py 파일 실행

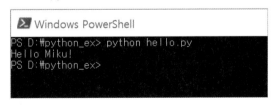

py 파일을 만드는 방법은 다른 프로그래밍 언어 파일을 만들어서 사용하는 것과 크게 차이는 없습니다. 또한 파이썬에서 제공하는 IDLE이라는 에디터에서 py 파일을 만들 수 있습니다.

IDLE을 실행한 후 [File] → [New File]을 선택하면 파이썬 코드를 입력하는 에디터를 실행할 수 있습니다.

그림 2-3 IDLE에서 제공하는 py 파일 에디터

2.6 py 파일 인코딩

원래 파이썬이 처음 등장했을 때 기본 파일 인코딩은 아스키^ASCII^였습니다. 아마 많은 분이 알겠지만 아스키는 다양한 언어를 표현하는 데는 문제가 있습니다.

파이썬의 영향력이 커지면서 고민이 생겼습니다. 그러한 이유로 파이썬 2.0부터 UTF-8을 지원하기 시작했습니다. 하지만 UTF-8이 기본 인코딩은 아니었습니다. 따라서 UTF-8을 지원하려면 다음과 같은 코드를 사용해야 했습니다.

```
# UTF-8 인코딩 지정
# -*- coding: utf-8 -*-
```

파이썬은 3.x 버전부터 py 파일의 기본 인코딩을 UTF-8로 정했습니다. 때문에 유니코드 문자열도 아무런 문제없이 사용할 수 있습니다. 또한 변수 이름이나 함수 이름을 한글이나 기타 유니코드로 정할 수도 있지요.

코드 2-7 파이썬 3.x 버전에서의 한글 사용

```
In[4]:
def 안녕():
    print("안녕 미쿠!")

이름 = "미쿠"
print(이름)
안녕()
```

```
Out[4]:
미쿠
안녕 미쿠!
```

참고로 py 파일을 ANSI로 저장한 후 IDLE에서 파일을 열면 다음과 같은 메시지가 나옵니다.

그림 2-4 인코딩 선택

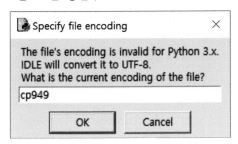

이런 경우는 기존 터미널 포맷을 의미하는 CP949를 UTF-8로 바꿔줍니다. 혹은 앞에서 설명한 UTF-8 인코딩 명령을 삽입하거나 파일을 UTF-8로 저장해주어야 합니다. 참고로 파이썬의 입출력 인코딩을 확인하고 싶다면 다음과 같은 코드를 입력하면 됩니다.

코드 2-8 입출력 인코딩 확인

```
In[5]:
import sys

# 입력 인코딩
sys.stdin.encoding

Out[5]:
'cp949'

In[6]:
# 출력 인코딩
sys.stdout.encoding

Out[6]:
'UTF-8'
```

더 자세한 사항을 확인하려면 파이썬 개발 문서의 'PEP 263 -- Defining Python Source Code Encodings[6]'를 확인해보기 바랍니다.

2.7 Pythonic way

파이썬의 창시자 귀도 반 로섬은 코드를 작성하는 시간보다 읽는 시간이 더 많다는 것에 중점을 두고 명확하고 읽기 쉬운 언어를 만들었습니다. 파이썬의 디자인 철학은 Zen of Python에서 설명하는 것처럼 코드 가독성과 명확성을 살리기 위한 특징들을 다수 갖추고 있습니다. 그 예가 앞서 말한 들여쓰기, 세미콜론 없음(새 행이 하나의 구문) 등이며, switch와 case 문이 없는 것도 그러한 디자인 철학의 구체적인 예입니다.

그리고 파이썬의 철학을 매우 강력하게 제안하는 것이 있는데, 지금부터 소개할 Pythonic way입니다. 앞서 이야기한 PEP 8과 함께 파이썬의 디자인 철학을 구현하는 방법론을 통틀어서 '파이써닉한 방법'이라고 합니다. 우리말로 표현하기가 쉽진 않지만, 파이썬의 디자인 철학을 따르는 구체적인 방법들의 총칭이라고 생각할 수 있습니다.

더 구체적으로는 Zen of Python의 한 가지인 'There should be one-- and preferably only one --obvious way to do it.'을 따르는 것으로 말할 수 있습니다. "선호할 수 있는 확실한 방법이 있어야 한다"라는 것이죠. 즉, 누구나 쉽게 알 수 있는 매우 명시적인 방법들을 실천하는 것이 이 파이써닉한 코딩입니다. EditorConfig라는 편집기를 개발한 트레이 허너[Trey Hunner]가 쓴 'Counting Things in Python: A History[7]'에서는 파이써닉한 코딩 스타일이 어떻게 변화했는지를 잘 설명합니다.

여기서 간단한 예제 코드를 보죠.

코드 2-9 파이써닉 코딩

```
# 문제없는 코드입니다. 하지만 파이써닉한 방법은 아닙니다.
for i in range(mylist_length):
    do_something(mylist[i])
```

....

6 https://www.python.org/dev/peps/pep-0263/
7 http://treyhunner.com/2015/11/counting-things-in-python/

```
# 이 코드가 파이썬다운 코딩 방법입니다.
for element in mylist:
    do_something(element)
```

수많은 파이썬 개발자가 애매모호한 코드를 좀 더 명시적으로 바꾸는 파이써닉한 방법을 실천합니다.

2.8 파이썬 2와 파이썬 3의 차이점

파이썬 3에서 눈에 띄게 바뀐 것이라고 한다면 print( )가 확실하게 함수처럼 사용된다는 것입니다. 그 외에는 연산자의 동작 방식이 조금 변했다든가, py 파일의 기본 인코딩이 UTF-8이 되면서 문서 안에서 유니코드 문자열을 다루는 방식이 달라졌다던가 하는 부분입니다.

물론 메이저 버전이 바뀐만큼 파이썬 2 코드와 파이썬 3 코드는 호환이 되지 않습니다. 하지만 '2to3[8]'이라는 변환 라이브러리로 파이썬 2 코드를 파이썬 3 코드로 변환할 수 있습니다.

그림 2-5 2to3

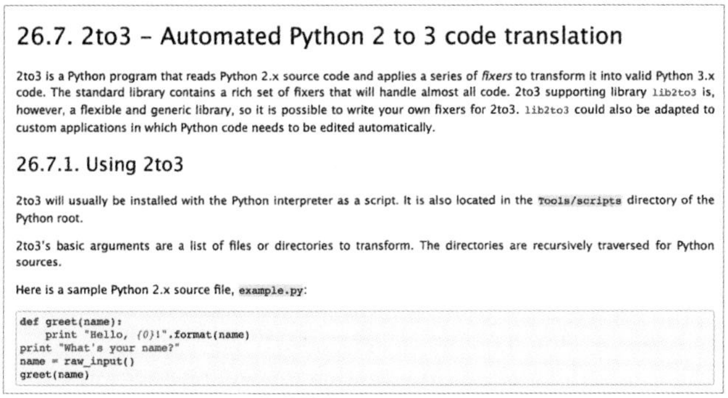

26.7. 2to3 – Automated Python 2 to 3 code translation

2to3 is a Python program that reads Python 2.x source code and applies a series of *fixers* to transform it into valid Python 3.x code. The standard library contains a rich set of fixers that will handle almost all code. 2to3 supporting library `lib2to3` is, however, a flexible and generic library, so it is possible to write your own fixers for 2to3. `lib2to3` could also be adapted to custom applications in which Python code needs to be edited automatically.

26.7.1. Using 2to3

2to3 will usually be installed with the Python interpreter as a script. It is also located in the `Tools/scripts` directory of the Python root.

2to3's basic arguments are a list of files or directories to transform. The directories are recursively traversed for Python sources.

Here is a sample Python 2.x source file, `example.py`:

```
def greet(name):
    print "Hello, {0}!".format(name)
print "What's your name?"
name = raw_input()
greet(name)
```

하지만 파이썬 3으로 변환하기 힘든 프로젝트일 수도 있으니, 파이썬 3의 특징이나 기능들을 가져올 수 있는 __future__[9]라는 패키지를 지원합니다. 이 패키지에서는 파이썬 3에서 등장했지만 파이썬 2에 지원되지 않는 기능들을 사용할 수 있게 해줍니다.

---

8 https://docs.python.org/3/library/2to3.html
9 https://docs.python.org/3/library/__future__.html

그림 2-6 __future__

29.10. `__future__` **— Future statement definitions**

Source code: Lib/__future__.py

`__future__` is a real module, and serves three purposes:

- To avoid confusing existing tools that analyze import statements and expect to find the modules they're importing.
- To ensure that future statements run under releases prior to 2.1 at least yield runtime exceptions (the import of `__future__` will fail, because there was no module of that name prior to 2.1).
- To document when incompatible changes were introduced, and when they will be — or were — made mandatory. This is a form of executable documentation, and can be inspected programmatically via importing `__future__` and examining its contents.

Each statement in `__future__.py` is of the form:

```
FeatureName = _Feature(OptionalRelease, MandatoryRelease,
                       CompilerFlag)
```

요약하자면 크게 바뀐 건 없으니 새로 파이썬을 배운다면 파이썬 3으로 시작하길 권합니다.

## CHAPTER 3

데이터 타입과 기본 연산자

거의 모든 프로그램은 데이터를 가지고 연산을 합니다. 이 장에서는 데이터를 저장하고 다루기 위한 방법들을 설명하겠습니다. 변수의 선언, 값 할당, 할당된 값의 타입에 따른 기본 연산을 차례차례 해보도록 하죠.

3.1 변수 선언

파이썬의 변수 선언은 정말 간단합니다. 변수 이름을 쓰고, =를 쓰고, 할당할 값을 지정하면 됩니다. 이 변수가 어떤 타입의 변수인지는 할당된 값을 유추해 적당히 지정해줍니다. 느슨해보일지 모르지만 그만큼 코드 작성은 빨라집니다.

TIP 함수에 엉뚱한 타입이 들어갈까 걱정하지 마세요. 타입 힌팅(Type Hinting)이라는 규칙에 따라서 함수를 작성하면 엉뚱한 타입의 변수가 넘어가는 것을 방지할 수 있습니다. 5.1.1에서 설명합니다.

코드 3-1 다양한 변수 선언 예

```
In[1]:
diva = "Song Hana"
is_she_play_to_win = True
digital_diva = "Hatsune Miku"
diva_version = 3.0
```

```
how_many_diva = 2
diva_list = [diva, digital_diva]
new_challenger = {
    "name":"Miku"
}

print(type(digital_diva))
print(type(is_she_play_to_win))
print(type(diva_version))
print(type(how_many_diva))
print(type(diva_list))
print(type(new_challenger))

Out[1]:
<class 'str'>
<class 'bool'>
<class 'float'>
<class 'int'>
<class 'list'>
<class 'dict'>
```

실행 결과에서 보듯 변수를 선언하고 값을 할당하는 것만으로도 충분합니다. 나머지는 파이썬
이 전부 알아서 해당 타입을 유추해 계산합니다.

3.2 정수

정수는 특별히 설명할 것이 없습니다. 다른 언어에서 익히 쓰던 int와 다를 것이 없기 때문이
죠. 차이점이 있다면 매우 큰 수라도 처리할 수 있다는 것뿐입니다.

코드 3-2 정수 사용 예

```
In[2]:
i = 39
i2 = -3
biiiiig_int = 99999999999999999999999999999999999999999999999999

print(i)
print(i2)
```

```
print(biiiiig_int)

Out[2]:
39
-3
99999999999999999999999999999999999999999999999999
```

평범하므로 특별히 더 설명할 것도 없습니다. 선언하고 할당하면 됩니다.

3.3 실수

실수 또한 정수와 크게 다르지 않습니다. 그럼 바로 실수를 선언하고 할당하는 코드를 보겠습니다.

코드 3-3 실수 사용 예

```
In[3]:
f = 0.9999
f2 = 3.141592
f3 = -3.9
f4 = 3/9

print(f)
print(f2)
print(f3)
print(f4)

Out[3]:
0.9999
3.141592
-3.9
0.3333333333333333
```

선언만 하면 알아서 인식하는 파이썬 덕분에 크게 골치 아플 일은 없습니다.

3.4 정수와 실수 연산

이제 정수와 실수를 이용해서 연산을 해보겠습니다. 간단한 사칙 연산과 그 외 연산들을 추가로 할 것입니다. 여기서 다룰 연산은 다음과 같습니다.

- 더하기(+)
- 빼기(-)
- 곱하기(*)
- 나누기(/)
- 나누기 - 소숫점 버림(//)
- 나머지(%)
- 제곱(**)

앞 연산들을 한 번에 다룬 것이 [코드 3-4]입니다.

코드 3-4 정수와 실수를 이용하는 다양한 연산

```
In[4]:
i1 = 39
i2 = 939
big_int1 = 1234567891234567890123456789012345678901234567890
big_int2 = 999999999999999999999999999999999999999999
f1 = 1.234
f2 = 3.939

# +
print("#### + ####")
print("i1 + i2 : ", i1 + i2) # 정수끼리
print("f1 + f2 : ", f1 + f2) # 실수끼리
print("big_int1 + big_int2 : ", big_int1 + big_int2) #엄청 큰 수끼리
print("i1 + f1 : ", i1 + f1) #실수와 정수끼리

# -
print("#### - ####")
print("i1 - i2: ", i1 - i2) # 정수끼리
print("f1 - f2: ", f1 - f2) # 실수끼리
print("big_int1 - big_int2: ", big_int1 - big_int2) #엄청 큰 수끼리
print("i1 - f1: ", i1 - f1) #실수와 정수끼리

# *
```

```
print("#### * ####")
print("i1 * i2: ",i1 * i2) # 정수끼리
print("f1 * f2: ",f1 * f2) # 실수끼리
print("big_int1 * big_int2: ",big_int1 * big_int2) #엄청 큰 수끼리
print("i1 * f1: ",i1 * f1) #실수와 정수끼리


# /
print("#### / ####")
print("i2 / i1: ", i2 / i1) # 정수끼리
print("f2 / f1: ", f2 / f1) # 실수끼리
print("big_int2 / big_int1: ", big_int2 / big_int1) #엄청 큰 수끼리
print("i1 / f1: ", i1 / f1) #실수와 정수끼리
print("f1 / i1: ", f1 / i1)


# //
print("#### // ####")
print("i2 // i1: ", i2 // i1) # 정수끼리
print("f2 // f1: ", f2 // f1) # 실수끼리
print("big_int2 // big_int1: ", big_int2 // big_int1) #엄청 큰 수끼리
print("i1 // f1: ", i1 // f1) #실수와 정수끼리
print("f1 // i1: ", f1 // i1)


# %
print("#### % ####")
print("i1 % i2 :", i1 % i2) # 정수끼리
print("f1 % f2 :", f1 % f2) # 실수끼리
print("big_int1 % big_int2 :", big_int1 % big_int2) #엄청 큰 수끼리
print("i1 % f1 :", i1 % f1) #실수와 정수끼리
print("f1 % i1 :", f1 % i1)


# **
print("#### ** ####")
print("2 ** 3: ", 2 ** 3) # 2의 3승.
print("i1 ** i2: ", i1 ** i2) # 정수끼리
print("f1 ** f2: ", f1 ** f2) # 실수끼리
print("i1 ** f1: ", i1 ** f1) #실수와 정수끼리
print("f1 ** i1: ", f1 ** i1)

Out[4]:
#### + ####
i1 + i2 :  978
f1 + f2 :  5.173
big_int1 + big_int2 :   11234567891234567890123456789012345678901234567889
i1 + f1 :  40.234
```

```
##### - #####
i1 - i2:  -900
f1 - f2:  -2.705
big_int1 - big_int2:   -8765432108765432109876543210987654321098765432109
i1 - f1:  37.766
##### * #####
i1 * i2:  36621
f1 * f2:  4.860726
big_int1 * big_int2:   1234567891234567890123456789012345678898765432108765432109876
54321098765432110
i1 * f1:  48.126
##### / #####
i2 / i1:  24.076923076923077
f2 / f1:  3.1920583468395463
big_int2 / big_int1:  8.10000006561
i1 / f1:  31.60453808752026
f1 / i1:  0.03164102564102564
##### // #####
i2 // i1:  24
f2 // f1:  3.0
big_int2 // big_int1:  8
i1 // f1:  31.0
f1 // i1:  0.0
##### % ####
i1 % i2 : 39
f1 % f2 : 1.234
big_int1 % big_int2 : 1234567891234567890123456789012345678901234567890
i1 % f1 : 0.7460000000000004
f1 % i1 : 1.234
##### ** ####
2 ** 3:  8
i1 ** i2:   10225006312626635583804665030439848517886568042318083335883591278398438
〈중간 생략〉
5249401330397775254617561475959
f1 ** f2:  2.289235194260789
i1 ** f1:  91.91231928197118
f1 ** i1:  3641.5915127246435
```

실행 결과에서 더 큰 범위를 다루는 숫자 형식으로 결과를 맞춘다는 점을 잘 살펴보기 바랍니다. 예를 들어 어느 한 쪽의 숫자가 부동소수점 수이면 결과도 부동소수점 수로 출력합니다.

TIP 파이썬 2와 3에서는 나누기 연산(/)의 동작이 다릅니다. 파이썬 2의 경우 나누기 연산은 파이썬 3의 '나누기 – 소숫점 버림(//)'처럼 동작합니다.

3.5 문자열

문자열을 다루는 방법 역시 다른 프로그래밍 언어와 크게 다르지 않습니다. 대부분은 기존에 생각했던 대로 작동합니다. 단, 파이썬에서 작은따옴표(')와 큰따옴표(")는 차이가 없다는 점을 기억하세요. PEP 8은 그 둘에 대해서 무엇을 꼭 사용해야 할지 권장하지 않습니다.

3.5.1 기본적인 선언과 사용

문자열은 변수에 작은따옴표(')와 큰따옴표(")를 넣어서 선언하고 사용합니다. [코드 3-5]는 그 예입니다.

코드 3-5 기본적인 문자열 선언과 사용

```
In[5]:
diva = "Miku"
another_diva = 'Song Hana'

print(type(diva))
print(type(another_diva))

Out[5]:
<class 'str'>
<class 'str'>
```

또한 다른 프로그래밍 언어처럼 탈출 문자로 역슬래시(\)를 사용합니다. 즉, 특별한 의미가 있는 문자를 문자열 안에서 사용할 때는 역슬래시를 사용하면 됩니다.

코드 3-6 탈출 문자 사용 예 1

```
In[6]:
escape_s1 = "This is \"double quote\""
escape_s2 = 'This isn\'t'

print (escape_s1)
print(escape_s2)
```

```
Out[6]:
This is "double quote"
This isn't
```

물론 다른 프로그래밍 언어처럼 탈출 문자를 사용할 수도 있습니다.

코드 3-7 탈출 문자 사용 예 2

```
In[7]:
s1 = "Tab \tThis"
s2 = "New Line\nHello!"

print(s1)
print(s2)

Out[7]:
Tab    This
New Line
Hello!
```

3.5.2 raw 문자열 표현법

역슬래시 자체를 문자열에 자주 포함해야 할 때가 있습니다. 예를 들면 경로 표현 등이 있겠습니다. 이런 경우에는 문자열 앞에 r을 붙여서 raw 문자열로 만들어줄 수 있습니다.

코드 3-8 raw 문자열 사용 예

```
In[8]:
raw_s1 = r'C:\Programs\new program\"'
raw_s2 = r"\\t\n\b\s"
raw_s3 = r'\'"'
raw_s4 = r"\"'"

print(raw_s1)
print(raw_s2)
print(raw_s3)
print(raw_s4)

Out[8]:
C:\Programs\new program\"
```

```
\\t\n\b\s
\'"
\"'
```

raw 문자열일 경우에는 안에 들어간 역슬래시가 역슬래시 그대로 사용됩니다. 다만 문자열을
감싸는 것이 작은따옴표나 큰따옴표일 경우, 이를 그대로 사용하기 위한 역슬래시조차 그대로
쓰인다는 것에 주의해야 합니다.

3.5.3 멀티라인 문자열 표현법

한 번에 여러 줄의 문자열을 작성해야 할 때도 있습니다. 물론 \n으로 각 줄을 구별해서 작성할
수도 있지만, 어느 세월에 그걸 다 할까요? 파이썬은 간편하게 멀티라인 문자열을 할당할 수
있는 방법을 제공합니다.

코드 3-9 멀티라인 문자열 사용 예 1

```
In[9]:
multi_s = """이 문자열은
멀티라인
문자열입니다"""

print(multi_s)

Out[10]:
이 문자열은
멀티라인
문자열입니다
```

이처럼 작은따옴표나 큰따옴표 3개로 감싸면, 해당 문자열은 멀티라인 문자열이 되며, 문자열
안에서 입력한 줄바꿈을 그대로 사용합니다.

멀티라인 문자열에서 각 라인의 마지막에 붙는 역슬래시(\)는 완전 다른 역할을 합니다. 해당
라인의 줄바꿈을 적용하지 않게 합니다.

코드 3-10 멀티라인 문자열 사용 예 2

```
In[10]:
multi_s2 = '''이 문자열 역시 \
멀티라인 문자열입니다.\
한 줄의 마지막에
역슬래시를 붙이면
줄바꿈이 \
되지 않습니다.
'''

print(multi_s2)

Out[10]:
이 문자열 역시 멀티라인 문자열입니다.한 줄의 마지막에
역슬래시를 붙이면
줄바꿈이 되지 않습니다.
```

3.6 문자열의 연산

문자열 또한 "이러면 될 거 같은데?"라는 몇 가지 연산은 다른 프로그래밍 언어와 같은 수준으로 적용해서 여러 가지 작업을 할 수 있습니다. 덧셈이나 곱셈 등의 작업을 할 수 있습니다.

코드 3-11 문자열의 덧셈과 곱셈 연산

```
In[11]:
dava = "Miku"
first_sound = "Hatsune"

print(3*diva)
print(first_sound+diva)

Out[11]:
MikuMikuMiku
HatsuneMiku
```

그리고 그 외의 다른 프로그래밍 언어에서 문자열로 할 수 있는 모든 것을 파이썬에서도 그대로 할 수 있습니다.

코드 3-12 함수나 배열을 이용하는 문자열 연산

```
In[12]:
print(dir(diva))
print("Capitalize: ", diva.capitalize())
print("is 'first_sound' end with 'e'?: ", first_sound.endswith("e"))
print("join strings with 'diva' str: ", diva.join(["kagamine", "len", "megurine"]))

Out[12]:
['_add_', '_class_', '_contains_', '_delattr_', '_dir_', '_doc_', '_eq_', '_
format_', '_ge_', '_getattribute_', '_getitem_', '_getnewargs_', '_gt_',
<중간 생략>
'rsplit', 'rstrip', 'split', 'splitlines', 'startswith', 'strip', 'swapcase', 'title',
'translate', 'upper', 'zfill']
Capitalize:  Miku
is 'first_sound' end with 'e'?:  True
join strings with 'diva' str:  kagamineMikulenMikumegurine
```

파이썬의 str 클래스로 할 수 있는 작업들은 앞 실행 결과와 같습니다. 해당 문자열에 '.'을 입력하고 IDE가 제시하는 자동 완성 기능을 이용해 코드를 입력하는 연습을 몇 번 하면 금방 익힐 수 있습니다.

3.7 리스트

C에 배열이 있다면 파이썬에는 리스트가 있습니다. 파이썬의 리스트는 담을 수 있는 아이템 타입에 제한이 없습니다. 심지어 리스트 그 자신도 담을 수 있을 정도입니다. 다중 배열처럼 사용할 수도 있죠. 리스트는 대괄호([ ])로 열고 닫으며, 콤마(,)로 각 요소들을 구별합니다.

코드 3-13 기본적인 리스트 사용 예

```
In[13]:
l1 = [1, 2, 3]
l2 = ["a", "b", "c", "diva"]
l3 = ['miku', 39]
l4 = [[0, 1], [2, 3], [4, 5]]

print(l1)
```

```
print(l1[0])
print(l2)
print(l2[1])
print(l3)
print(l3[0])
print(l4)
print(l4[2][1])

Out[13]:
[1, 2, 3]
1
['a', 'b', 'c', 'diva']
b
['miku', 39]
miku
[[0, 1], [2, 3], [4, 5]]
5
```

리스트를 생성할 때 [코드 3-13]처럼 대괄호를 사용해서 만드는 방법 외에 한 가지 방법이 더 있습니다. list( )를 사용하는 것입니다.

코드 3-14 list( )를 이용한 리스트 생성

```
In[14]:
l5 = list("Hatsune Miku")

# 앞에서 생성한 리스트를 이용해 새로 리스트를 생성합니다.
l6 = list(l1+l2+l3)

print(l5)
print(l6)

Out[14]:
['H', 'a', 't', 's', 'u', 'n', 'e', ' ', 'M', 'i', 'k', 'u']
[1, 2, 3, 'a', 'b', 'c', 'diva', 'miku', 39]
```

실행 결과에서 보듯 리스트의 인덱스는 0부터 시작합니다. 그리고 파이썬에서 한 가지 특이한 점은 음수 인덱스를 사용할 수 있다는 점입니다.

코드 3-15 음수 인덱스 사용

```
In[15]:
l5 = [ 0, 1, 2, 3, 4, 5]
# 0  1  2  3  4  5
# -6 -5 -4 -3 -2 -1

print("l5 = ", l5)
print("l5[-1] = ", l5[-1])
print("l5[-2] = ", l5[-2])
print("l5[-6] = ", l5[-6])

Out[15]:
l5 =  [0, 1, 2, 3, 4, 5]
l5[-1] =  5
l5[-2] =  4
l5[-6] =  0
```

음수 인덱스는 '뒤에서 몇 번째 ~'하는 방식으로 아이템을 가져오려고 할 때 매우 유용합니다. 리스트의 전체 길이를 구한 다음 다시 계산하지 않아도 되는 것이죠. 간단하지만 매우 유용한 파이썬의 특징입니다.

3.7.1 리스트 연산

리스트를 대상으로 사칙 연산을 할 수 있습니다. 물론 일반적인 연산과 다르지만, 리스트 자체를 빠르게 다룰 수 있다는 점에서 굉장한 편리함을 제공합니다.

코드 3-16 리스트 연산

```
In[16]:
l1 = [1, 2, 3]
l2 = [4, 5, 6]

print("l1 + l2 = ", l1 + l2)
print("l1 * 3 =", l1 * 3)

Out[16]:
l1 + l2 =  [1, 2, 3, 4, 5, 6]
l1 * 3 = [1, 2, 3, 1, 2, 3, 1, 2, 3]
```

앞에서 살펴본 문자열 연산과 똑같습니다. 더하면 이어 붙이고, 곱하면 해당 숫자만큼 반복해서 결과를 출력합니다.

3.7.2 리스트 아이템에 접근하기

리스트에 있는 아이템을 꺼내는 방법에는 여러 가지가 있습니다. 간단하게 인덱스만 지정해서 해당 아이템만 꺼낼 수도 있고, 범위를 지정할 수도 있고, 범위와 동시에 특정 n번째 아이템만 가져오라고 할 수도 있습니다.

코드 3-17 리스트 아이템 접근

```
In[17]:
l1 = [0, 1, 2, 3, 4, 5, 6, 7, 8, 9, 10, 11, 12, 13, 14, 15, 16, 17, 18, 19]

print("l1 = ", l1)

# list[start:stop:step]
# list[start:]
# list[:stop]
# list[::step]
# list[start:stop]
# list[start::step]
# list[:stop:step]

# 9번째 인덱스 이후만 가져오기.
print("l1[9:] = ", l1[9:])

# 15번째 인덱스 이전만 가져오기.
print("l1[:15] = ", l1[:15])

# 2번째마다의 아이템을 가져오기.
print("l1[::2] = ", l1[::2])

# 7번째마다의 아이템을 가져오기.
print("l1[::7] = ", l1[::7])

# 5번째부터 시작해서 2번째마다 아이템을 가져오기.
print("l1[5::2] = ", l1[5::2])

# 17번째 이전까지 매 4번째마다 아이템을 가져오기.
```

```
print("l1[:17:4] = ", l1[:17:4])

# 7번째부터 시작해서 3번째마다 아이템을 가져오고, 15번째를 전달하지 않기.
print("l1[7:15:3] = ", l1[7:15:3])

Out[17]:
l1 =      [0, 1, 2, 3, 4, 5, 6, 7, 8, 9, 10, 11, 12, 13, 14, 15, 16, 17, 18, 19]
l1[9:] =  [9, 10, 11, 12, 13, 14, 15, 16, 17, 18, 19]
l1[:15] =  [0, 1, 2, 3, 4, 5, 6, 7, 8, 9, 10, 11, 12, 13, 14]
l1[::2] =  [0, 2, 4, 6, 8, 10, 12, 14, 16, 18]
l1[::7] =  [0, 7, 14]
l1[5::2] =  [5, 7, 9, 11, 13, 15, 17, 19]
l1[:17:4] =  [0, 4, 8, 12, 16]
l1[7:15:3] =  [7, 10, 13]
```

3.7.3 문자열을 리스트처럼 다루기

리스트에서 각 아이템에 접근하는 법을 알게 되었으니 그걸 응용해봅시다. 파이썬에서 문자열
은 리스트처럼 취급할 수 있습니다.

코드 3-18 문자열을 리스트로 다루기

```
In[18]:
s1 = "Hatsune Miku"

print("s1 =", s1)

print("s1[2] =", s1[2])
print("s1[8:] =", s1[8:])
print("s1[-4:] =", s1[-4:])
print("s1[:7] =", s1[:7])
print("s1[::2] =", s1[::2])

Out[18]:
s1 = Hatsune Miku
s1[2] = t
s1[8:] = Miku
s1[-4:] = Miku
s1[:7] = Hatsune
s1[::2] = HtueMk
```

문자열을 리스트처럼 다룰 때의 장점은 문자열의 특정 구간을 잘라낼 때 매우 편리하다는 것입니다.

3.8 딕셔너리

다른 프로그래밍 언어에서는 '연관 배열', '구조체', '해시 맵' 등으로 부르는 '키:값' 쌍을 다룰 수 있는 데이터 타입을 파이썬에서는 딕셔너리dictionary라고 합니다. 딕셔너리는 중괄호({, })로 열고 닫고, 키와 값을 콜론(:)으로 묶습니다. 각각의 키:값 쌍은 콤마(,)로 구분합니다.

딕셔너리의 키 값은 어떠한 것이라도 될 수 있습니다. 심지어 True나 False 같은 논릿값이라도 사용할 수 있죠. 단, 대응 관계가 되는 해시블hashable한 타입이야 합니다. True와 False는 정수 1과 0으로 간주하며 대응 관계입니다. 이는 뒤의 예제에서 살펴볼 것입니다.

딕셔너리의 값을 가져올 때는 리스트와 동일하게 '딕셔너리[키]' 형식을 사용합니다. 또한 한 딕셔너리 안의 키는 고유unique 값을 사용해야 합니다. 같은 키에 값을 2개 할당할 수 없는 것이죠. 리스트의 인덱스가 고유 값을 갖는 것이 당연하다는 사실과 마찬가지입니다.

코드 3-19 기본적인 딕셔너리 사용 예

```
In[19]:
d1 = {
    True:"Yes! This is True!!!",
    False:"Nope",
    39:"Miku",
    39.39:"Hatsune",
    "Diva":"Song Hana",
    }

# True and False
print(d1[True])
print(d1[False])
print(d1[1 > 0])
print(d1[-1 > 0])

# numbers
miku = 39
```

```
print(d1[39])
print(d1[39.39])
print(d1[miku])

# String
print(d1["Diva"])

Out[19]:
Yes! This is True!!!
Nope
Yes! This is True!!!
Nope
Miku
Hatsune
Miku
Song Hana
```

리스트와 마찬가지로 딕셔너리를 만드는 방법이 하나 더 있습니다. dict( )를 사용하는 방법입니다.

코드 3-20 dict()를 사용한 딕셔너리 생성

```
In[20]:
d2 = dict(on=999, off=100, l=[1, 2, 3], s="miku")

print(d2)

Out[20]:
{'on': 999, 'off': 100, 'l': [1, 2, 3], 's': 'miku'}
```

단, dict( )를 이용해서 딕셔너리를 생성할 경우에는 키 값은 문자열만 사용해야 합니다.

앞 실행 결과처럼 각종 값들을 이용해서 딕셔너리 '키:값' 쌍의 값을 조회할 수 있습니다. 그리고 변수나 식을 인덱스에 넣어서 사용할 수도 있습니다. 리스트의 인덱스를 숫자로만 조회할 수 있었다는 것과는 비교되는 부분입니다.

3.9 집합

파이썬에서는 집합이라는 데이터 타입을 제공합니다. 우리가 수학을 공부하면서 살펴봤던 집합의 개념을 옮긴 것입니다. 형태는 딕셔너리에서 키 값만 있는 것과 비슷합니다. 딕셔너리에서 이야기했듯, 한 딕셔너리의 키는 그 안에서 유일해야 합니다. 집합은 딕셔너리의 키만 있는 것과 비슷하다고 했으니 집합 안에서는 고유 값을 가져야 합니다. 또 하나의 특징은 키에 순서가 없다는 점입니다.

코드 3-21 기본적인 집합 사용 예

```
In[21]:
set1 = {"h", "e", "l", "l", "o", "h", "a", "t", "s", "u", "n", "e"}
set2 = {"m", "i", "k", "u", "l", "o", "v", "e"}
set3 = set("Song hana")

print(set1)
print(set2)
print(set3)

Out[21]:
{'s', 'o', 'n', 'a', 'u', 't', 'h', 'e', 'l'}
{'o', 'k', 'e', 'm', 'u', 'v', 'i', 'l'}
{'o', 'n', 'S', 'a', ' ', 'h', 'g'}
```

또한 수학과 마찬가지로 교집합, 합집합, 차집합 등과 같은 집합 관련 연산을 할 수 있습니다.

코드 3-22 집합의 연산

```
In[22]:
# 교집합
print(set1 & set2)

# 합집합
print(set1 | set2)

# 차집합
print(set1 - set2)

Out[22]:
```

```
{'l', 'o', 'e', 'u'}
{'o', 'n', 's', 'k', 'v', 'l', 'i', 'a', 'h', 'e', 't', 'm', 'u'}
{'n', 't', 's', 'a', 'h'}
```

일반적으로 집합이 필요한 부분에 사용할 때 유용한 데이터 타입입니다.

3.10 튜플

튜플은 리스트와 비슷하지만 변경할 수 없는 데이터 타입입니다. 요소의 추가, 삭제, 변경을 할 수 없습니다. 리스트와 비슷하지만 괄호(( ))로 열고 닫아서 선언한다는 점이 다릅니다.

더 정확히 설명하면 튜플은 콤마(,)로 구별되는 객체의 나열입니다. 괄호를 이용해서 튜플임을 좀 더 명확하게 하는 것이죠. 따라서 다음처럼 튜플을 선언할 수도 있습니다.

```
# 요소가 1개인 튜플.
t = 1,
# 요소가 2개인 튜플.
t2 = 1, 2
```

코드 3-23 기본적인 튜플 사용 예

```
In[23]:
t1 = (5, 6, 7, 8, 9)

print(t1)
print(t1[0])
print(t1[3:])
print(t1[:2])

Out[23]:
(5, 6, 7, 8, 9)
5
(8, 9)
(5, 6)
```

이처럼 요소에 접근하는 것만이라면 리스트와 똑같이 사용할 수 있습니다.

하지만 튜플은 앞에서 변경할 수 없는 데이터 타입이라고 설명했습니다. 그럼 [코드 3-24]처럼 요소를 추가해보겠습니다.

코드 3-24 튜플에 요소 추가

```
In[24]:
t1[0] = 1
Out[24]:
```

```
TypeError                          Traceback (most recent call last)
<ipython-input-24-a75f7beedda4> in <module>()
——> 1 t1[0] = 1

TypeError: 'tuple' object does not support item assignment
```

실행 결과와 같은 에러가 발생합니다.

이처럼 인덱스에 요소를 할당하는 작업을 튜플에서는 할 수 없습니다. 따라서 절대로 변경되어서 안 되는 값을 튜플로 사용하길 권합니다.

## CHAPTER 4

흐름 제어와 예외 처리

파이썬 또한 다른 언어와 마찬가지로 흐름을 제어할 수 있는 방법들을 제공합니다. 구체적으로 일정 횟수를 반복 실행할 수 있게 하는 for 문, 조건이 맞는 동안 반복 실행하는 while 문, 조건에 따라 특정 코드를 처리하도록 나누는 if-else 문을 제공합니다. 그리고 그 안에서 좀 더 세부적인 동작을 할 수 있게 하는 break, continue, pass 등이 있습니다.

이 장에서는 이러한 흐름 제어를 살펴보고 흐름 제어를 응용하는 예외 처리까지 한꺼번에 살펴 보겠습니다.

4.1 if 문

흐름 제어의 기본이라면 역시 조건에 따라 분기하는 if 문입니다. 파이썬의 if 문은 다른 언어와 크게 다르지 않습니다. 괄호와 코드 블록에 중괄호를 사용하지 않는다는 점만 다릅니다.

코드 4-1 if 문의 기본 사용 예

```
In[1]:
if True :
    print("Yes")

if False :
    # 출력되지 않음.
```

```
    print("No")

Out[1]:
Yes
```

if 문은 다음 형식으로 사용할 수 있습니다.

```
if <조건표현식>:
    조건이 참일 때
    실행할
    코드를 적습니다
```

if 문 다음에 조건 표현식과 콜론(:)을 입력한 후, 다음 행부터는 한 단계 들여쓰기합니다. 해당 블록의 조건 표현식이 참일 때 실행됩니다.

조건 표현식은 True나 False를 반환할 수 있는 표현식이면 무엇이든 괜찮습니다. 조건 표현식으로 사용할 수 있는 예는 다음과 같습니다.

코드 4-2 조건 표현식의 사용 예

```
# 다음은 단독으로 조건에 들어가면 True로 취급합니다.
number_true = 39
string_true = "miku"
list_true = [3,9,39]
tuple_true = (3.9, 39.39)
dict_true = {"name":"Song hana"}

# 다음은 False로 취급합니다.
number_false = 0
string_false = ""
list_false = []
tuple_false = ()
dict_false = {}
```

그리고 이러한 변수들을 비교할 때 [코드 4-3]과 같이 사용할 수 있습니다.

코드 4-3 조건 표현식 변수 비교

```
In[2]:
a = 1
b = 0

# == 양 변이 같을 때 참.
print(a == b)

# != 양 변이 다를 때 참.
print(a != b)

# > 왼쪽이 클때 참.
print(a > b)

# >= 왼쪽이 크거나 같을때 참.
print(a >= b)

# < 오른쪽이 클 때 참.
print(a < b)

# <= 오른쪽이 크거나 같을 때 참.
print(a <= b)

Out[2]:
False
True
True
True
False
False
```

4.1.1 else 문

if 문의 조건이 거짓일 때는 if 문 블록이 실행되지 않습니다. 하지만 조건이 참일 때와 거짓일 때 각각 다른 블록을 실행시키고 싶을 때가 있습니다. 그럴 때는 else 문을 사용하면 해당 동작을 할 수 있게 됩니다. 형태는 다음과 같습니다.

```
if <조건표현식>:
    조건이 참일 때
```

```
        실행할
        코드를
        넣습니다
    else:
        조건이 거짓일 때
        실행됩니다
```

[코드 4-4]를 살펴보겠습니다.

코드 4-4 if–else 문 사용 예 1

```
In[3]:
if False:
    # 여기는 실행되지 않음.
    print("You can't reach here")
else:
    # 여기가 실행된다.
    print("Oh, you are here")

Out[3]:
Oh, you are here
```

각 타입에 따라 False로 취급되는 경우를 이용하면 [코드 4-5]처럼 사용할 수도 있습니다.

코드 4-5 False로 취급되는 경우를 응용한 예

```
In[4]:
name = ""
if name:
    print("Your name is:", name)
else:
    # 이쪽이 출력된다.
    print("Please enter your name")

Out[]:
Please enter your name
```

큰따옴표("")와 같은 빈 문자열은 False로 취급되므로 [코드 4-5]가 제대로 동작할 수 있는 것입니다. 물론 앞서 이야기했듯, True인 경우에는 else 문 블록이 실행되지 않습니다. 오로지 둘 중 하나만 실행됩니다.

코드 4-6 if-else문의 사용 예 2

```
In[5]:
name = "Miku"

if name:
    # 이쪽이 출력된다.
    print("Your name is:", name)
else:
    print("Please enter your name")

Out[]5:
    Your name is: Miku
```

4.1.2 elif 문

else 문 블록에도 조건을 설정하고 싶을 때가 있을 겁니다. 즉, 다른 프로그래밍 언어의 else if 문을 사용하고 싶을 때죠. 이런 경우에는 elif 문을 사용할 수 있습니다.

```
if <조건표현식>:
    참일 때
elif <조건표현식>:
    앞 블록이 거짓일 때
    여기의 조건을 검사해
    참이면 실행됩니다.
else:
    앞 조건 중
    아무것도 만족하지 않을 때
    실행됩니다.
```

보통 else 문과 if 문을 합한 형태로 사용합니다. 실제 사용 예는 [코드 4-7]과 같습니다.

코드 4-7 elif 문 사용 예

```
In[6]:
number = 39

if number == 13:
    # 실행되지 않는다.
```

```
    print("First if block")
elif number == 39:
    # 이 블록이 실행된다.
    print("Second elif block")
    print("Hello Miku!")
else :
    # 실행되지 않는다.
    print("oh...")

Out[6]:
Second elif block
Hello Miku!
```

if 문, elif 문 블록 다음에 사용한 else 문은 이전에 나왔던 조건 중 아무것도 해당하지 않을 때 실행됩니다. 참고로 파이썬에는 다른 언어에서 사용하는 switch 문이 없습니다. 이 elif 분으로 switch 문을 대신해야 합니다.

4.2 and, or, not

조건 각각을 한 번에 확인해야 할 경우가 있습니다. 보통 복수의 조건이 전부 참일 경우(and), 복수의 조건 중 하나라도 참일 경우(or), 조건 하나의 참과 거짓을 뒤집어서 검사하는 경우 (not)가 됩니다. 참고로 파이썬에서는 익숙한 논리 연산자인 &&과 ||를 사용하지 않습니다.

먼저 and를 살펴보겠습니다.

코드 4-8 and 사용 예

```
In[7]:
name = "miku"
number = 39

# 복수의 조건이 모두 참일 경우에 실행.
if name == "miku" and number == 39:
    print("You are digital diva miku!")
else:
    print("D.va?")
```

```
Out[7]:
You are digital diva miku!
```

and의 경우 실행 결과에서 보듯 and로 연결된 조건이 전부 참이어야 참을 돌려줍니다.

or는 or로 연결된 조건 중 하나라도 참이면 참을 돌려줍니다.

코드 4-9 or 사용 예

```
In[8]:
nick = "D.va"
name = "Song hana"

if nick == "D.va" or nick == "Diva":
    print("You must be", nick,"!!")

if nick == "Diva" or name == "Song hana":
    print("Welcome back to overwatch")

Out[8]:
You must be D.va !!
Welcome back to overwatch
```

변수 하나에 대한 몇 가지 경우가 있어도 참이라고 판별하게 하거나, 조건을 확인하는 여러 변수 중 하나만 참이어도 실행할 경우에 사용하면 됩니다.

마지막으로 not을 살펴보겠습니다. not은 바로 뒤에 붙은 조건 표현식의 참과 거짓을 뒤집습니다. 조건 표현식이 참이면 False를 돌려주고, 거짓이면 True를 돌려줍니다.

코드 4-10 not 사용 예

```
In[9]:
print(not True)
print(not False)

Out[9]:
False
True
```

조건의 반대 결과가 필요할 경우에 not을 사용할 수 있습니다.

```
In[10]:
is_diva = False

if not is_diva:
    print("You are diva!")

Out[10]:
You are diva!
```

[코드 4-11]에서는 간단한 예를 살펴보았습니다. 하지만 이보다 더 다양한 상황에서 not을 유용하게 사용할 수 있습니다. 다른 프로그래밍 언어에서 !를 앞에 붙이는 것보다는 훨씬 코드를 이해하기 쉽다는 점은 덤입니다.

4.2.1 리스트, 딕셔너리, 집합, 튜플과 함께 사용하는 in

여러 값을 갖는 리스트, 딕셔너리, 집합, 튜플 타입의 데이터에서 특정 값이 있거나 없는 경우를 확인해야 할 경우가 있습니다. 그럴 때 사용할 수 있는 것이 in입니다.

코드 4-12 in의 기본 사용법

```
In[11]:
l = [1, 2, 3]
s = {4, 5, 6, 6}
d = {"one":1, "two":2, "three":3}
t = (7, 8, 9)

print(1 in l)
print(6 in s)
print(7 in s)
print("one" in d)
print(9 in t)
print(10 in t)

Out[11]:
True
True
False
```

```
True
True
False
```

특정 값이 해당 데이터 타입에 들어있으면 True를 반환하고, 아니면 False를 반환하게 했습니다. 참고로 딕셔너리의 경우는 키 값을 기준으로 검사를 하게 됩니다. 그런데 딕셔너리에 특정 값이 존재하는지를 찾고 싶을 때가 있을 겁니다. 이때는 [코드 4-13]처럼 할 수 있습니다.

코드 4-13 딕셔너리의 특정 값 검색

```
In[12]:
d = {"one":1, "two":2, "three":3}

print(1 in d.values())

Out[12]:
True
```

values( )를 이용하면 해당 딕셔너리의 모든 값을 가져올 수 있습니다. 그 뒤 값 리스트에 대해서 in을 실행하면 됩니다.

4.3 while 문

if 문이 조건이 맞는 블록을 단 한번 실행한다면, while 문은 조건이 일치하는 동안 블록을 반복 실행합니다. 전체적인 모양새는 if 문과 비슷하지만 조건문이 참일 동안 계속 실행된다는 점이 다릅니다.

코드 4-14 while 문의 기본 사용 예

```
In[13]:
i = 0

while i < 10:
    print("i is :", i)
    i += 1
```

```
Out[13]:
i is : 0
i is : 1
i is : 2
i is : 3
i is : 4
i is : 5
i is : 6
i is : 7
i is : 8
i is : 9
```

[코드 4-14]에서는 i를 계속 1씩 더해가며 while 문의 조건이 False가 되게끔 했습니다. 만약 [코드 4-15]와 같다면 무한 루프에 빠져서 프로그램 실행이 끝나지 않습니다. 이런 경우는 주의하기 바랍니다.

코드 4-15 무한 루프에 빠진 while 문

```
while True:
    # do something infinitely
```

다른 프로그래밍 언어의 while 문과 큰 차이점은 없으니 금방 익숙해질 것입니다.

4.4 for 문

파이썬 흐름 제어의 정수라고 한다면, 단연 for 문을 꼽을 수 있습니다. 간단한 구문으로 리스트와 딕셔너리를 순회하거나, 지정된 횟수만큼 작업을 반복할 수 있습니다.

```
for <루프안변수> in <순회할목록>:
    루프 내 실행문.
    실행문.
```

루프를 순회할 때마다 목록에서 아이템을 꺼내와 '루프 안 변수'에 할당시킵니다. 그렇게 할당된 '루프 안 변수'는 루프 안에서 사용됩니다. 이를 이용하면 다음 코드를 작성할 수 있습니다.

코드 4-16 for 문의 기본 사용 예

```
In[14]:
for i in range(10):
    print(i)

Out[14]:
0
1
2
3
4
5
6
7
8
9
```

리스트를 순회하는 for 문의 예는 [코드 4-17]과 같습니다.

코드 4-17 리스트를 순회하는 for 문의 예

```
In[15]:
names = ["Miku", "Rin", "Ren", "Luka", "Seeu", "D.va"]

for name in names:
    print("You are", name)

Out[15]:
You are Miku
You are Rin
You are Ren
You are Luka
You are Seeu
You are D.va
```

간단하게 순서대로 루프를 순회하거나 리스트 안 아이템을 순회면서 작업할 수 있습니다.

보자마자 알아차렸겠지만 파이썬의 for 문은 C나 자바의 for 문과는 조금 다릅니다. '(초기화, 조건, 실행)'의 형태가 아니라 해당 범위의 데이터 안을 순회하고, 순회를 완료하면 실행을 종

료합니다. 즉, 코드에서 for 문을 영어로 번역했을 때 읽히는 그 모습 그대로가 파이썬의 for 문이 된 것이죠. 따라서 파이썬의 for 문은 항상 in이라는 키워드를 사용하게 되어있습니다. 특정 데이터 타입이 갖는 값(또는 키)의 목록을 순회하라는 뜻입니다.

4.4.1 리스트 및 딕셔너리와 함께 for 문 사용하기

리스트와 함께 for 문을 사용하는 것은 간단합니다. in 뒤에 리스트를 위치시키면 됩니다. 설명보다 코드를 직접 보는 게 훨씬 간단하다는 점이 파이썬의 매력이니 바로 코드를 살펴보겠습니다.

코드 4-18 리스트를 사용하는 for 문

```
In[16]:
lotto_number = [1, 3, 9, 39, 40, 41]

for number in lotto_number:
    print("You write number", number, "on paper")

Out[16]:
You write number 1 on paper
You write number 3 on paper
You write number 9 on paper
You write number 39 on paper
You write number 40 on paper
You write number 41 on paper
```

루프 안에서 리스트에 나타나는 순서대로 아이템을 순회하면서 리스트에 있는 아이템 값을 출력하는 데 사용했습니다. 딕셔너리를 사용할 때의 코드 역시 리스트와 비슷합니다.

코드 4-19 딕셔너리에서 for 문 사용

```
In[17]:
Diva_info = {
    "Name":"Miku",
    "version":3,
    "company":"Overwatch",
    "like_number":39
```

```
    }

for title in Diva_info:
    print(title, ":", Diva_info[title])

Out[17]:
like_number : 39
version : 3
company : Overwatch
Name : Miku
```

딕셔너리는 내부에 순서가 없는 데이터 타입이므로 선언할 때의 순서와는 다른 결과가 나왔습니다. 그렇다면 키를 순회하면서 값에 접근하는 것이 아니라 처음부터 값에만 접근하고 싶을 때가 있을 겁니다. 이때는 values( )를 사용하면 됩니다. 코드는 다음과 같습니다.

코드 4-20 딕셔너리의 값에만 접근하는 for 문

```
In[18]:
for values in Diva_info.values():
    print(values)

Out[18]:
39
3
Overwatch
Miku
```

4.4.2 range( ) 함수와 함께 사용하기

특정 횟수만큼 반복 실행하고 싶을 때는 range( ) 함수를 사용하면 됩니다. 이번에도 긴 말 없이 바로 코드를 살펴보겠습니다.

코드 4-21 range()를 사용하는 for 문

```
In[19]:
for i in range(10):
    print (i)

Out[19]:
```

```
0
1
2
3
4
5
6
7
8
9
```

5장에서 함수 개념을 설명할 때 다시 언급하겠지만 range( )라는 함수를 사용하면 range(시작, 끝, 간격) 형태로 지정하는 숫자 시퀀스를 만들 수 있습니다.

시퀀스의 예는 [코드 4-22]와 같습니다. 리스트를 자를 때도 앞과 같은 형식을 사용하니 기억해두길 권합니다.

코드 4-22 range( ) 함수를 이용한 숫자 시퀀스

```
In[20]:
for i in range(1, 20, 2):
    print(i)

Out[20]:
1
3
5
7
9
11
13
15
17
19
```

1부터 시작해서 2씩 증가하며 20이 끝인 range( ) 함수의 값을 순서대로 출력한 것입니다.

이렇게 range( ) 함수를 이용해서 for 문을 일정한 횟수만큼, 그리고 특정 숫자 구간을 반복 실행할 수 있습니다.

4.5 break

루프를 실행하다가 특정 조건을 만나면 해당 루프 전체를 중지하고 싶을 때가 있습니다. 이런 경우 사용하는 것이 break입니다. 사용법은 다른 프로그래밍 언어와 크게 다르지 않습니다. 대개는 조건문 안에 넣고, 조건문이 참일 경우에 break를 실행합니다.

코드 4-23 break의 기본 사용 예

```
In[21]:
numbers = [9, 1, 2, 7, 0, 4, 10, 2, 39, 10, 33, 36, 38]

for number in numbers:
    if number == 39:
        print("I Found it! 39!!")
        break
    else:
        print("I found", number, "but this is not I want")

Out[21]:
I found 9 but this is not I want
I found 1 but this is not I want
I found 2 but this is not I want
I found 7 but this is not I want
I found 0 but this is not I want
I found 4 but this is not I want
I found 10 but this is not I want
I found 2 but this is not I want
I Found it! 39!!
```

break가 실행되면 뒤에 리스트 아이템이 더 남아있더라도 for 문 실행을 중단합니다.

4.6 continue

continue는 break와는 다르게 실행되는 즉시 루프 블록의 나머지 부분을 건너뛰고, 다음 아이템을 대상으로 새로 for 문 실행을 시작합니다.

```
In[22]:
l = ["1", 2, "3", "4", 5]

for item in l:
    if type(item) is str:
        # item의 타입이 str일때 실행된다.
        continue

    print("number:", item)
    print("multiply by 2:", item * 2)

Out[22]:
number: 2
multiply by 2: 4
number: 5
multiply by 2: 10
```

리스트의 아이템을 순회하면서 각 아이템의 타입이 str이면 남은 블록을 무시하고, 다음 아이템을 실행하는 for 문입니다. 이 코드 형태를 응용하면 조건에 맞거나 맞지 않으면 루프의 나머지를 통째로 지나치게 할 수 있습니다.

참고로 코드를 살펴보면 is와 type이라는 키워드를 사용했습니다. 나중에 다시 설명할 것이니 일단은 신경쓰지 않아도 됩니다. 이 코드가 없다고 생각하더라도 코드를 이해하는 데는 큰 무리가 없습니다.

4.6.1 else

for 문이나 while 문에도 else 문을 사용할 수 있습니다. 더 정확하게는 break와 짝을 지어서 사용할 수 있습니다.

for 문에서 사용하는 else 문 블록은 break로 루프를 빠져 나오지 않았을 때 실행됩니다. 다른 프로그래밍 언어에서 따로 플래그용 변수를 사용하는 걸 대체하는 셈입니다.

```
In[23]:
numbers = [9, 1, 2, 7, 0, 4, 10, 2, 39, 10, 33, 36, 38]

for number in numbers:
    if number == 39:
        print("I Found it! 39!!")
        break
    else:
        print("I found", number, "but this is not I want")
else:
    print("Not Found 39...")

Out[23]:
I found 9 but this is not I want
I found 1 but this is not I want
I found 2 but this is not I want
I found 7 but this is not I want
I found 0 but this is not I want
I found 4 but this is not I want
I found 10 but this is not I want
I found 2 but this is not I want
I Found it! 39!!
```

[코드 4-25]는 방금 전 [코드 4-24]와 같은 형태며 for 문 블록 뒤에 else 문을 붙인 것만 다릅니다. 찾으면 찾았다고 출력하고, 못 찾으면 못 찾았다고 출력합니다. 이 경우에는 39를 찾아서 break가 실행되었으니 for 문의 else 문 블록은 실행되지 않습니다.

그럼 이번에는 [코드 4-26]을 살펴보겠습니다.

코드 4-26 대상 리스트에 39를 제외

```
In[24]:
numbers = [9, 1, 2, 7, 0, 4, 10, 2, 10, 33, 36, 38]

for number in numbers:
    if number == 39:
        print("I Found it! 39!!")
        break
    else:
```

```
        print("I found", number, "but this is not I want")
    else:
        print("Not Found 39...")
```

Out[24]:
```
    I found 9 but this is not I want
    I found 1 but this is not I want
    I found 2 but this is not I want
    I found 7 but this is not I want
    I found 0 but this is not I want
    I found 4 but this is not I want
    I found 10 but this is not I want
    I found 2 but this is not I want
    I found 10 but this is not I want
    I found 33 but this is not I want
    I found 36 but this is not I want
    I found 38 but this is not I want
    Not Found 39...
```

[코드 4-25]와 같지만 대상 리스트에 39가 없습니다. 따라서 모든 루프를 순회하더라도 break 가 실행되지 않았으므로 else 문 블록이 실행됩니다.

이렇듯 일상적인 플래그 변수 사용을 줄일 수 있는 것이 for 문이나 while 문에서의 else 문 블록입니다.

4.7 pass

아무것도 실행하지 않지만 무언가 있어야 할 자리에 넣는 것이 pass입니다.

코드 4-27 pass 사용 예

```python
for i in range(10):
    # 실제 아무것도 하지 않습니다.
    pass
```

정말로 아무것도 둘 수는 없으니 자리를 차지하는 플레이스 홀더, NOP라고 생각하면 이해하기 쉽습니다.

## CHAPTER 5

함수와 람다

파이썬에서도 함수의 개념은 중요합니다. 다른 프로그래밍 언어와 마찬가지로 함수를 중심으로 모든 개념을 구현하기 때문입니다. 그리고 다른 프로그래밍 언어의 최신 버전에 포함되는 추세인 람다가 파이썬에도 있습니다. 람다는 '이름이 없는 함수'를 뜻하는 데 이를 잘 활용하면 깔끔한 코드를 작성하는 데 큰 도움을 줍니다.

5.1 함수

어떤 프로그래밍 언어를 사용하더라도 대부분 함수를 지원합니다. 코드 재사용성이나 가독성을 극적으로 높여주기 때문이죠. 파이썬 역시 함수를 지원합니다.

파이썬에서 함수를 만드는 법은 간단합니다.

```
def <함수이름>(<인자1>, <인자2>, ...):
    함수 몸체
    여기서
    함수가
    실행이 됩니다.
```

"백문이 불여일견"입니다. 간단히 "Hello,"와 전달받은 문자열을 연결해 출력하는 함수를 만들어보겠습니다.

코드 5-1 특정 문자와 문자열을 연결해 출력하는 함수 정의

```
In[1]:
def hello(world):
    print("Hello, ", world)
```

2행밖에 안 되는 매우 간단한 함수입니다. 실행하는 방법은 [코드 5-2]와 같습니다.

코드 5-2 hello() 함수 실행

```
In[2]:
to = "Miku"

hello(to)

Out[2]:
Hello,  Miku
```

만약 값을 반환받아야 한다면 return 키워드를 사용하면 됩니다.

코드 5-3 return 키워드 사용

```
In[3]:
def hello_ret(world):
    ret_value = "Hello, " + str(world)
    return ret_value

ret_str = hello_ret("D.va")

print(ret_str)

Out[3]:
Hello, D.va
```

이미 알고 있겠지만 함수를 활용하면 같은 코드를 반복 작성하는 일을 줄일 수 있습니다. 그 밖의 함수 활용으로 얻는 장점은 여기서 따로 설명하지 않겠습니다.

파이썬은 함수 안에 함수나 뒤에서 설명할 클래스도 선언할 수도 있습니다. 함수나 클래스를 함수 안에서 선언하는 방법은 다른 내부 변수를 선언하는 것과 같습니다.

코드 5-4 함수 안에서 함수 선언

```
In[4]:
def func(number):
    def func_in_func(number):
        print(number)

    print("In func")
    func_in_func(number + 1)

func(1)

Out[4]:
In func
2
```

단, 함수 안에서 다시 선언한 함수는 해당 함수 밖을 벗어나면 실행할 수 없습니다.

코드 5-5 함수 안 함수를 함수 외부에서 실행

```
In[5]:
# 실행되지 않음. 선언된 범위를 벗어난 곳에서 호출했기 때문입니다.
func_in_func(2)

Out[5]:
```
```
NameError                  Traceback (most recent call last)

<ipython-input-10-e396b0c30472> in <module>()
     1 # 실행되지 않음. 선언된 범위를 벗어난 곳에서 호출했기 때문입니다.
───> 2 func_in_func(2)

NameError: name 'func_in_func' is not defined
```

실행 결과를 살펴보면 ''func_in_func' is not defined'라는 메시지를 확인할 수 있습니다. 즉, 함수 밖에서는 이 함수가 정의되지 않은 것으로 인식하므로 선언된 범위 밖을 벗어나서 호출할 수 없는 것입니다.

5.1.1 타입 힌팅

원래 파이썬의 함수는 전달받는 파라미터의 타입이나 반환 값의 타입을 명시하지 않습니다. 따라서 IDE 등을 사용한다면 다른 프로그래밍 언어에서는 자연스럽게 지원하는 함수 호출 시 타입에 따른 파라미터 자동 추천, 함수의 반환 타입에 기반을 둔 자동 완성 기능 등의 사용을 기대할 수 없습니다.

하지만 파이썬 3.5 버전 이후에는 함수에 타입 힌팅Type hinting을 사용할 수 있게 되었습니다. 말 그대로 함수가 어떤 타입을 파라미터로 전달받고, 어떤 타입을 반환 값으로써 전달하는지 코드 상에 작성할 수 있습니다. IDE 및 사람이 함수를 읽을 때 의미를 파악하기 쉬워졌습니다.

타입 힌팅의 형태는 다음과 같습니다. 함수 선언부 첫 번째 행에 필요한 정보를 다 넣습니다.

```
def <함수이름>(<파라미터이름>: <파라미터타입>) -> <반환타입>:
    return 'Hello ' + name
```

파라미터 뒤에 : <파라미터타입> 을 붙여서 파라미터의 타입을 지정하고, 파라미터의 괄호와 함수 시작을 알리는 : 사이에 -> <반환타입>을 넣어서 반환되는 값의 타입을 지정할 수 있습니다.

[코드 5-6]은 문자열과 숫자를 받고 숫자를 반환하는 함수입니다. 타입 힌팅을 이해하는 데 충분한 정보가 있을 겁니다.

코드 5-6 함수를 변수로 사용

```
In[6]:
# 단어 1개, 숫자 1개를 전달받아서 단어의 길이와 숫자를 곱해서 반환합니다.
def count_lenth(word : str, num : int) -> int:
    return len(word) * num

count_lenth("miku", 39)

out[6]:
156
```

5.1.2 함수를 변수처럼 전달하기

파이썬은 변수처럼 함수를 다른 함수에 전달할 수 있습니다. [코드 5-7]을 살펴보겠습니다.

코드 5-7 함수를 변수로 사용

```
In[7]:
def add_with_transform(left, right, transform_func):
    tmp_val = transform_func(left) + transform_func(right)
    return transform_func(tmp_val)

def add_plus_1(number):
    return number + 1

# (2 + 1) + (3 + 1) + 1 = 8
ret_val = add_with_transform(2, 3, add_plus_1)

print(ret_val)

Out[7]:
8
```

transform_func( )이라는 함수를 파라미터로 전달해서 해당 함수로 연산한 결과의 합을 계산합니다. 여기서는 모든 파라미터와 반환 값을 대상으로 해당 함수를 실행했습니다. 이밖에도 이러한 방법을 활용할 수 있는 상황들이 있습니다.

5.2 람다

[코드 5-7]처럼 매우 간단한 처리를 하기 위해 매번 통째로 함수를 선언하는 것은 번거로운 일입니다. 이런 경우에 사용할 수 있는 방법이 람다^{lambda}입니다.

코드 5-8 같은 개념의 함수를 구현한 두 가지 예

```
In[8]:
# 함수를 2행 이상을 사용해 선언.
def add_1(number):
    return number + 1
```

```
# 앞 함수를 1행으로 줄인 경우.
def add_1_oneline(number): return number + 1
```

[코드 5-8]은 람다의 개념을 이용해 두 행으로 선언한 함수와 똑같은 내용을 한 행으로 선언한 예입니다. 한 행이든 두 행이든 함수 선언은 모두 유효합니다만, Zen of Python의 원칙에 따라서 가독성을 높이기 위해 보통은 두 행 이상으로 선언합니다.

그럼 람다의 개념을 이용해 [코드 5-8]을 바꾼 [코드 5-9]를 살펴볼까요?

코드 5-9 람다식 구현

```
In[9]:
# 람다
lambda x: x + 1

Out[9]:
<function __main__.<lambda>>
```

일단 람다를 사용하기 전 앞에서 언급했던 "함수를 변수처럼 할당하거나 전달할 수 있다"라는 개념을 다시 한번 상기할 필요가 있습니다. 예를 들어 아래의 add_1( ) 함수와 add_plus_one 변수는 같은 개념입니다.

코드 5-10 동일한 개념의 함수와 변수

```
In[10]:
def add_1(number):
    return number + 1

add_plus_one = add_1

print(add_1(5))
print(add_plus_one(6))

Out[10]:
6
7
```

즉, 파이썬의 일반적인 함수 선언은 함수와 변수의 선언과 할당을 동시에 할 수 있는 형태입니다. 그럼 이를 변수 선언과 비교해볼까요? 우선 [코드 5-11]을 살펴보겠습니다.

코드 5-11 변수 선언과 문자열 할당을 동시에 함

```
# name 변수 선언과 문자열 할당이 동시에 일어납니다.
name = "Miku"
```

이 변수 선언을 각각 따로 하면 [코드 5-12]와 같습니다.

코드 5-12 변수 선언과 문자열 할당을 별도로 함

```
name
name = "Miku"
```

람다는 이런 변수 선언과 비슷한 함수 형태라고 생각하면 편합니다. 즉, 람다는 어디에도 할당하거나 전달하지 않으므로 변수의 개념과 비교하면 [코드 5-13]처럼 어떤 값과 같은 의미가 됩니다.

코드 5-13 변수에 할당하거나 함수에 전달하지 않은 값

```
# 변수에 할당하거나 함수에 전달하지 않았습니다.
"Song hana"
```

이 값을 그냥 이용할 수 있다면 람다입니다. 함수로 생각하자면 이름 없는 함수를 만들고 할당하지 않는 것이 됩니다. 이제 [코드 5-9] 람다식을 변수에 할당하면 함수처럼 사용할 수 있습니다.

코드 5-14 람다식을 활용한 예

```
In[11]:
lambda_puls_one = lambda x: x + 1

print(lambda_puls_one(7))

Out[11]:
8
```

그리고 이런 람다의 특징을 이용해 함수를 파라미터로 전달받는 함수에 람다식을 전달해 사용할 수 있습니다. 앞에서 나왔던 add_with_transform( ) 함수에 [코드 5-15]처럼 람다식을 전달할 수 있습니다.

코드 5-15 람다식을 전달하는 함수 예

```
In[12]:
print(add_with_transform(2, 3, lambda x: x + 1))
print(add_with_transform(110, 14, lambda x: x / 2))

Out[12]:
8
31.0
```

> **NOTE_ 내장 함수와 기본 라이브러리**
>
> 파이썬 역시 다른 프로그래밍 언어처럼 언어 안에 내장되어 사용할 수 있는 함수들이 있습니다. 이를 내장 함수라고 합니다. 예를 들어 print()는 대표적인 내장 함수입니다. 파이썬 개발 문서의 '2. Built-in Functions(https://docs.python.org/3/library/functions.html)' 기준으로 내장 함수는 68개입니다. 분량이 많아 이 책에서 소개하지 않겠지만 해당 개발 문서를 참고해서 내장 함수에 무엇이 있는지 살펴보길 권합니다.
>
> 또한 내장 함수는 아니지만, 파이썬 개발 환경과 함께 설치되는 라이브러리에도 여러 가지 함수가 있습니다. 'The Python Standard Library(https://docs.python.org/3.6/library/index.html#library-index)'에서 확인할 수 있습니다. 해당 문서는 파이썬에 익숙해지면 자주 보게 될 것이므로 기억해두기 바랍니다. 최소 이 책의 서너 배 정도 되는 분량으로 설명해야 하므로 이 책에서는 다루지 않겠습니다.

## CHAPTER 6

객체지향과 클래스

파이썬은 엄연한 객체지향 언어입니다. 1장에서 프로그래밍 언어 교육에 파이썬을 사용한다고 언급했는데, C와 같은 절차지향 언어보다는 최근 추세인 객체지향 언어 개념을 쉽게 설명하는 데 적합하므로 파이썬을 사용하는 것입니다.

이미 개발 경험이 있다면 객체지향과 클래스의 개념에는 익숙할 것으로 생각합니다. 따라서 짧게 핵심만 모아 파이썬의 객체지향과 클래스 개념을 살펴보겠습니다.

6.1 클래스

여타 다른 객체지향 언어처럼 파이썬 또한 클래스 중심의 여러 가지 객체지향적인 특징들이 있습니다. 그중 제일 먼저 소개할 것은 클래스입니다.

클래스는 서로 연관 있는 변수들과 함수들을 이쁘게 묶어두고 이름을 붙인 것입니다. 파이썬의 클래스 정의 형태는 다른 프로그래밍 언어와 비교했을 때 간단한 편입니다.

코드 6-1 클래스 정의 예

```
class MyFirstClass:
    pass
```

[코드 6-1]처럼 "class 클래스 이름:"을 입력하고 다음 행부터 클래스에 속할 변수와 함수를 작성하면 됩니다. 아무것도 없이 바로 앞 예처럼 일단 클래스부터 이름부터 정해두고 싶다면 pass만 적어두어도 됩니다. 그것만으로도 클래스로서 갖출 것은 다 갖춘 셈입니다.

관례로 클래스 이름의 첫 글자는 대문자로 표시합니다. 또한 여러 개 단어로 이뤄져 있으면 각 단어의 시작을 대문자로 표시하고 별도의 언더스코어를 작성하지 않습니다.

6.2 클래스 변수와 인스턴스 변수

클래스 내부에서 선언할 수 있는 변수는 클래스 변수와 인스턴스 변수 두 가지가 있습니다. 클래스 변수는 해당 클래스의 인스턴스 모두가 공유하는 변수입니다. 인스턴스 변수는 클래스로 생성한 인스턴스만의 변수입니다.

그럼 간단한 예제로 클래스 변수와 인스턴스 변수의 다른 점을 살펴보겠습니다.

코드 6-2 클래스 변수와 인스턴스 변수

```
In[1]:
class Diva:
    # 클래스 변수
    version = "v3"

    def __init__(self, name = "Diva"):
        # 인스턴스 변수
        self.name = name
```

[코드 6-2]가 실제로 사용할 클래스의 가장 단순한 모습입니다. 그럼 __init__( )과 self에 대해 설명해보겠습니다.

__init__( )은 파이썬 클래스의 생성자Constructor입니다. 다른 언어에서의 생성자 대신 파이썬에는 __init__( )이 있습니다. 클래스를 생성하고 초기화하는 순간 무언가 할 수 있도록 마련된 순서가 __init__( )인 셈입니다. __init__( )은 self를 파라미터로 전달하는데 이는 __init__( )이 실행되는 시점에서 이미 인스턴스의 생성이 끝났다는 것을 암시합니다. 덕분에 self를 이용해서 인스턴스 변수를 설정할 수 있는 것입니다.

NOTE_ 초기화와 클래스 인스턴스의 생성

__init__( ) 함수에 self라는 파라미터를 전달한다는 점에서 눈치채신 분도 있겠지만, 초기화하는 시점에 이미 클래스 인스턴스의 생성은 완료되어 있습니다. __init__( ) 함수는 말 그대로 초기화를 합니다.

정말로 초기화하는 순간에 무언가를 하고 싶다면 파이썬 문서의 'Basic customization[1]'을 참고하세요.

클래스 변수는 클래스 모두가 공유하는 변수입니다. 이 변수를 바꾸면 해당 클래스의 인스턴스의 클래스 변수가 모두 변경됩니다.

코드 6-3 클래스 변수 사용

```
In[2]:
diva1 = Diva()
diva2 = Diva("Miku")
diva3 = Diva("Hana")

def print_diva_info(diva):
    print("====")
    print("Name: ", diva.name)
    print("Version: ", diva.version)

print_diva_info(diva1)
print_diva_info(diva2)
print_diva_info(diva3)

Out[2]:
====
Name:  Diva
Version:  v3
====
Name:  Miku
Version:  v3
====
Name:  Hana
Version:  v3
```

---

1 https://docs.python.org/3/reference/datamodel.html#basic-customization

하지만 인스턴스 변수는 각 인스턴스에 종속된 변수입니다. 따라서 [코드 6-3]처럼 모든 인스턴스가 클래스 변수를 공유하더라도 인스턴스 변수는 다르다는 것을 알 수 있습니다. 하지만 이 상태에서 인스턴스의 원 설계도라고 할 수 있는 클래스 변수를 변경해봅시다.

코드 6-4 클래스 변수의 변경

```
In[3]:
# Diva 클래스를 직접 수정한다는 것에 주의하세요!
Diva.version = "v4"

print_diva_info(diva1)
print_diva_info(diva2)
print_diva_info(diva3)

Out[3]:
====
Name:  Diva
Version:  v4
====
Name:  Miku
Version:  v4
====
Name:  Hana
Version:  v4
```

해당 클래스의 인스턴스가 공유하는 클래스 변수가 모두 변경된 것을 확인할 수 있습니다.

6.3 클래스 메서드

클래스 내부의 함수는 관례적으로 메서드method라고 합니다. 실제로 클래스 내부에서 선언되어 있다는 것뿐이지 함수와 동일하게 선언하고 사용할 수 있습니다.

하지만 일반적인 함수와는 달리 클래스 메서드의 첫 번째 파라미터는 언제나 클래스 자신을 참조하는 변수인 self로 지정해야 합니다. 이 변수는 외부에서 호출할 때 영향을 주지 않습니다. 물론 이 규칙은 앞에서 먼저 마주친 __init__( )에도 적용됩니다.

그럼 [코드 6-4] 클래스에 몇 가지 메서드를 추가해보겠습니다.

코드 6-5 클래스에 메서드 추가

```
In[4]:
class Diva:
    # 클래스 변수
    version = "v3"

    def _init_(self, name="Diva"):
        # 인스턴스 변수
        self.name = name

    def song(self, title="song"):
        print(self.name + " sing the " + title)

    def medley(self):
        self.song()
        self.song("second song")
        self.song("third song")
```

이제 Diva 클래스의 인스턴스들은 song( )과 medley( ) 메서드를 사용할 수 있습니다.

코드 6-6 song( )과 medley( ) 메서드 실행

```
In[5]:
voice_diva = Diva("Hana")
voice_diva.song()
voice_diva.song("Wolrd is Mine")
voice_diva.medley()
```

---

2 http://neopythonic.blogspot.kr/2008/10/why-explicit-self-has-to-stay.html

```
Out[5]:
Hana sing the song
Hana sing the Wolrd is Mine
Hana sing the song
Hana sing the second song
Hana sing the third song
```

매우 예외적인 사용 방법으로 클래스 메서드에 전달하는 첫 번째 파라미터가 언제나 클래스 인스턴스 자기 자신이라는 걸 이용하는 호출 방법이 있습니다.

코드 6-7 클래스 메서드에 전달하는 첫 번째 파라미터

```
In[6]:
Diva.song(voice_diva, "Tell your world")

Out[6]:
Hana sing the Tell your world
```

인스턴스가 아니라 클래스에서 직접 메서드를 호출했다는 것을 눈여겨보세요. self 자리에 Diva 인스턴스를 전달하면 해당 인스턴스로 메서드를 호출한 것처럼 작동합니다.

물론 인스턴스를 생성하지 않고도 해당 클래스의 메서드를 호출하도록 만들 수 있습니다. self를 메서드의 파라미터로 추가하지 않는 것이죠.

코드 6-8 self를 메서드의 파라미터로 추가하지 않음

```
In[7]:
class Calculater:
    def adder(l, r):
        print(l + r)

Calculater.adder(3, 9)

Out[7]:
12
```

이처럼 클래스 메서드는 함수와 대동소이한 방법으로 사용할 수 있습니다. 클래스에 속해 있으므로 추가 특성만 잘 파악한다면 어렵지 않습니다.

6.4 상속

파이썬의 클래스 또한 상속받거나 상속시킬 수 있습니다. 클래스를 정의할 때 뭔가 빠진 게 있다고 생각하셨겠죠? 명시적인 걸 좋아하는 파이썬이 클래스 이름 뒤에 괄호를 빼먹은 것입니다. 이 괄호 안에 클래스 이름을 입력하면 해당 클래스를 상속받을 수 있습니다.

NOTE_ 파이썬 3의 object 클래스

파이썬 3의 모든 클래스는 암시적으로 object 클래스를 상속받습니다. 2.7 버전까지만 해도 파이썬 클래스를 만드는 가장 기본적인 코드는 다음과 같았습니다.

코드 6-9 파이썬 2.7의 클래스 정의

```
class Heroes(object):
    pass
```

앞 클래스는 명시적으로 object 클래스를 상속받아서 새로운 Heroes 클래스를 만든 것입니다.

그럼 앞에서 만든 Diva 클래스를 상속받아서 무언가를 새로 만들어봅시다.

코드 6-10 클래스 상속의 예

```
In[8]:
class Miku(Diva):
    def _init_(self, module="class uniform"):
        self.module = module
        # 슈퍼 클래스를 초기화하지 않으면
        # 슈퍼 클래스에서 초기화 & 할당되는 name 변수를 사용할 수 없습니다.
        super()._init_("miku")

    def dance(self):
        print("Dancing!")
```

TIP _init_( )은 인스턴스 생성이 아니라 초기화를 담당하므로 [코드 6-10]처럼 super()._init_( )이라고 정의하지 않으면 슈퍼 클래스가 초기화되지 않습니다. 더 자세한 내용은 스택오버플로의 'Why aren't Python's superclass _init_ methods automatically invoked?[3]'를 참고하기 바랍니다.

----

3 http://stackoverflow.com/questions/3782827/why-arent-pythons-superclass-init-methods-automatically-invoked/3782877#3782877

[코드 6-11]은 [코드 6-10]의 클래스를 이용한 출력입니다.

코드 6-11 Miku 클래스 이용

```
In[9]:
hatsune_miku = Miku()
print(hatsune_miku.module)
print(hatsune_miku.version)
print(hatsune_miku.name)
hatsune_miku.dance()
hatsune_miku.song("Hello worker")

Out[9]:
class uniform
v3
miku
Dancing!
miku sing the Hello worker
```

이처럼 상속을 이용해서 서브 클래스를 만들 수 있습니다. 이제 파이썬의 상속 개념은 모두 설명한 것입니다.

> **TIP** 서브 클래스를 만들 때 슈퍼 클래스 자리에 여러 클래스를 넣어 다중 상속할 수 있습니다. 이때 서브 클래스에 없는 변수나 메서드 등을 참조하려 하면, 슈퍼 클래스가 할당된 순서대로 왼쪽부터 깊이 우선 탐색으로 변수, 메서드를 찾습니다.

6.5 덕 타이핑

파이썬 클래스의 특징 중 하나로 '덕 타이핑Duck typing'이라는 개념이 있습니다. "오리처럼 행동하고, 오리처럼 날고, 오리처럼 소리 내면 오리다!"라는 뜻이죠. 잘 이해되지 않는다고요? 프로그래밍 개념으로 해석하면 자바에 있는 인터페이스 등의 개념 없이도 해당 이름의 변수, 메서드가 있으면 그냥 호출할 수 있다는 뜻입니다.

코드 6-12 덕 타이핑

```
In[10]:
class Cat:
    def sound(self):
        print("Nya~")

class Dog:
    def sound(self):
        print("Mung")

cat = Cat()
dog = Dog()

animals = [cat, dog]

for animal in animals:
    animal.sound()

Out[10]:
Nya~
Mung
```

[코드 6-12]처럼 해당 함수가 있는지만 살펴보고 있으면 실행합니다. 타입을 검사하거나 특별한 무언가가 붙어있어야 할 필요가 없습니다.

## CHAPTER 7

모듈과 패키지

언제나 모든 파이썬 코드들을 main.py 파일 안에다 넣어둘 수는 없는 법입니다. 코드들을 용도에 따라 적절하게 묶고, 필요할 때마다 가져다 사용할 수 있어야 코드의 유지보수가 쉬운 건 자명한 일이죠. 혹은 누군가가 만들어둔 코드를 가져다 사용해야 할 경우가 있을 겁니다. 어쩌면 거의 매번, 대부분일지도 모릅니다.

이 장에서는 함수나 클래스를 묶어 누구나 사용할 수 있는 형태로 만드는 모듈과 패키지를 살펴보겠습니다.

7.1 모듈

아주 사소한 부분이라도 이미 만들어진 것을 다시 만드는 일, 즉 바퀴를 재발명하는 것과 같은 상황은 비효율적입니다. 이런 경우는 남이 만든 것을 가져다 사용하는 것이 더 효율적이죠. 이때 필요한 게 바로 모듈입니다.

7.1.1 모듈 만들기

모듈을 만드는 건 어렵지 않습니다. 딱 세 단계만 실행하면 됩니다.

1 텍스트 에디터를 엽니다.

2 파이썬 코드를 작성합니다.

3 저장합니다.

거짓말이 아니란 사실을 [코드 7-1]에서 알아봅시다. 필자는 diva.py라는 이름으로 파일을 생성했습니다.

코드 7-1 diva.py

```
In[1]:
# Jupyter Notebook에서 diva.py 파일을 만들려면 다음 매직 명령어를 실행합니다.
%%writefile diva.py
# -*- coding: utf-8 -*-
class Singer:
    def _init_(self, name="miku"):
        self.name = name

    def song(title="No name"):
        print("Sing the ", title)

Out[1]:
Writing diva.py
```

diva.py라는 파일은 현재 작업 중인 곳과 같은 곳에 저장했습니다. 이 파일은 곧 파이썬 모듈이 됩니다. 그리고 이 모듈의 이름이 diva가 되는 것입니다. [코드 7-1]을 살펴보면 바로 알겠지만 diva 모듈엔 Singer 클래스와 song( ) 메서드가 정의되어 있습니다.

그럼 지금 파이썬 인터프리터 또는 작업 중인 파이썬 파일에 diva 모듈의 song( ) 메서드를 가져다 사용하고 싶다고 가정해봅시다.

7.1.2 모듈 불러오기

7.1.1에서 살펴본 diva 모듈을 사용하려면 코드에 import diva라고 선언하면 됩니다. 파일 이름이 그대로 모듈의 이름이 되므로 import 다음에 모듈 이름을 적어주고 실행하면 해당 모듈을 불러와 현재 작업 공간에서 사용할 수 있습니다. 이렇게 가져온 모듈 안의 함수 사용은 클래스에서 함수를 불러다 사용하는 것만큼이나 간단합니다.

```
In[2]:
import diva

diva.Singer.song("Weekend Girl")

Out[2]:
Sing the Weekend Girl
```

[코드 7–2]처럼 〈모듈이름〉.〈함수이름〉으로 모듈 안에 정의된 함수를 가져다 사용할 수 있습니다. 물론 함수뿐만 아니라 클래스도 사용할 수 있죠.

앞 파일에 정의된 클래스 Singer를 사용해보겠습니다.

코드 7-3 singer 클래스 사용

```
In[3]:
singer = diva.Singer()

print(singer.name)

Out[3]:
miku
```

클래스를 사용하는 것처럼 '.'을 이용해 모듈 내부의 클래스, 함수, 변수에 접근할 수 있습니다.

7.1.3 특정 함수나 클래스만 불러오기

때로는 모듈 전체가 아니라 일부분만 필요한 상황이 있습니다. 해당 모듈에서 함수 딱 하나만 필요로 하는 상황인 거죠. 그럴 때는 from 〈모듈이름〉 import 〈함수이름〉을 이용하면 됩니다. 먼저 calculater.py라고 만든 calculater 모듈을 살펴보겠습니다.

코드 7-4 calculater 모듈

```
In[4]:
%%writefile calculater.py
```

```
# -*- coding: utf-8 -*-
def add(l, r):
    return l + r

def mul(l, r):
    return l * r

def div(l, r):
    return l / r

Out[4]:
Writing calculater.py
```

add( ), mul( ), div( )라는 함수 3개가 있습니다. 여기서 add( ) 함수만 가져다 사용하는 코드는 다음과 같습니다.

코드 7-5 calculater 모듈의 add( ) 함수만 사용

```
In[5]:
from calculater import add

print(add(3, 9))

Out[5]:
12
```

해당 모듈 중 지정한 함수 하나만 들어오게 됩니다. 따라서 calculater.add( ) 형식으로 사용하지 않아야 합니다.

여기서 좀 더 나아가 해당 모듈의 모든 내용을 가져오면서 모듈 이름을 호출할 때 사용하지 않도록 해보겠습니다. [코드 7–6]에서 굵게 표시한 부분을 확인하면 됩니다.

코드 7-6 모듈의 모든 내용 가져오기

```
In[6]:
from calculater import *

print(add(3, 9))
print(mul(3, 9))
```

```
print(div(39, 3))

Out[6]:
12
27
13.0
```

7.1.4 다른 이름으로 모듈 불러오기

사용하려는 모듈이나 모듈 내부의 함수 이름이 매우 긴 경우가 있습니다. 그럴 때는 이름을 다르게 해서 불러올 수 있습니다. 우선 [코드 7-7]을 thisIsVeryLongNameModule이라는 모듈로 만들었다고 생각해봅시다.

코드 7-7 thisIsVeryLongNameModule.py

```
In[7]:
%%writefile thisIsVeryLongNameModule.py
# -*- coding: utf-8 -*-
def hello():
    print("Hello! I am hello function in thisIsVeryLongNameModule!")

Out[7]
Writing thisIsVeryLongNameModule.py
```

thisIsVeryLongNameModule은 이름이 매우 깁니다. 매번 이 모듈을 사용할 때마다 긴 이름을 입력하자면 번거롭습니다. 그럴 때는 [코드 7-8]처럼 불러오면 됩니다.

코드 7-8 모듈 이름 줄이기

```
In[8]:
import thisIsVeryLongNameModule as l

l.hello()

Out[8]:
Hello! I am hello function in thisIsVeryLongNameModule!
```

인터넷에 공개된 많은 파이썬 예제를 살피다 보면 [코드 7-8]처럼 긴 이름을 줄여서 불러오기 하는 것을 볼 수 있습니다. 예를 들어 tensorFlow를 tf라고 줄이거나, pandas를 pd라고 줄이는 것입니다.

7.1.5 모듈 실행하기

각 모듈은 셸에서 일반적인 python 명령을 입력해 사용할 수 있습니다.

```
$ python <모듈이름>.py <옵션>
```

모듈은 보통 불러올 때 전체가 실행됩니다. 하지만 [코드 7-9]처럼 if 문을 추가해 해당 모듈이 스크립트로 실행될 때만 동작하는 코드를 집어넣으면 모듈을 스크립트처럼 사용할 수 있습니다.

코드 7-9 runable.py

```
In[9]:
%%writefile runable.py
# -*- coding: utf-8 -*-
def hello():
    print("Hello! I am runable module!")

if __name__ == "__main__":
    print("Odd and End")
    hello()

Out[9]:
Writing runable.py

In[10]:
# 모듈을 실행하는 매직 명령어입니다.
%run runable.py

Out[10]:
Odd and End
Hello! I am runable module!
```

앞 코드는 __name__을 검사해서 "__main__"과 같은지를 확인한 후에 같으면 출력하게 합니다. 정말 간단한 해결책이죠. 앞 runable 모듈은 단독으로 사용하면 모듈 내부에 정의된 hello( )를 실행합니다.

7.2 패키지

관련 있는 클래스와 함수들을 몽땅 모듈 하나에 넣을 수도 있겠지만 좋은 방법은 아닙니다. 다 모아보면 관련이 있지만 자세하게 나누면 분명 그룹을 따로 지어야 하는 클래스나 함수들이 있기 마련이죠. 이런 경우 모듈들을 다시 한번 묶을 방법이 필요합니다. 이러한 필요성 때문에 등장한 것이 패키지입니다. 말 그대로 부품(모듈)들을 모아서 하나의 포장 용기(패키지)에 담아두는 것입니다.

그리고 당연하게도 패키지는 모듈 혹은 또 다른 패키지를 포함할 수 있습니다.

7.2.1 패키지 만들기

패키지 만들기를 한 줄로 요약하면 다음과 같습니다.

__init__.py 파일을 어떤 디렉터리 안에 넣으면 해당 디렉터리는 패키지가 된다.

즉, 패키지는 모듈을 갖는 디렉터리입니다. 다음 디렉터리 구조를 보면 vocaloids라는 디렉터리 안에 9개의 py 파일이 있는 것을 볼 수 있습니다.

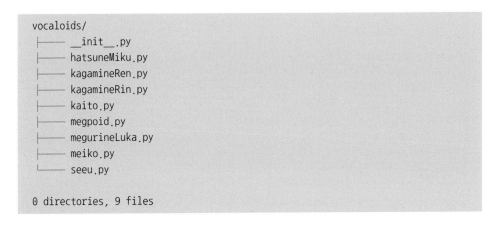

```
vocaloids/
├── __init__.py
├── hatsuneMiku.py
├── kagamineRen.py
├── kagamineRin.py
├── kaito.py
├── megpoid.py
├── megurineLuka.py
├── meiko.py
└── seeu.py

0 directories, 9 files
```

이 9개의 파일 중 __init__.py를 제외한 모든 파이썬 파일들은 모듈입니다. 남은 __init__.py 가 해당 디렉터리를 패키지로 인식될 수 있게 해줍니다. 즉, 클래스 내부에서의 __init__() 이 해당 클래스를 초기화시켜주는 것처럼 패키지 내부의 __init__.py는 해당 디렉터리를 패키지로 인식하게끔 초기화시켜준다고 할 수 있습니다.

또한 패키지는 다른 패키지를 포함할 수 있습니다. 다음과 같은 구조가 될 수 있습니다.

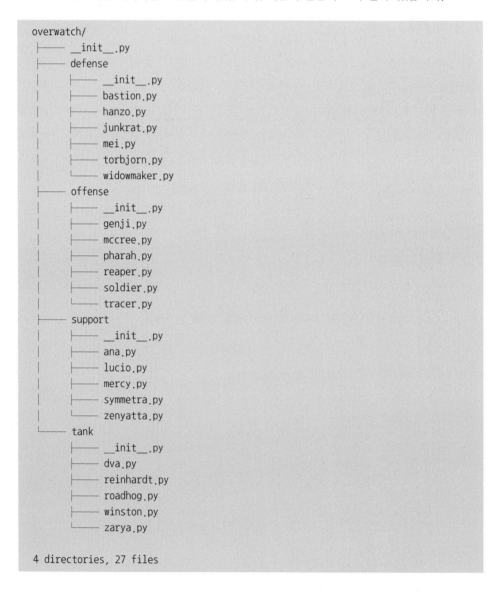

```
overwatch/
├──── __init__.py
├──── defense
│     ├──── __init__.py
│     ├──── bastion.py
│     ├──── hanzo.py
│     ├──── junkrat.py
│     ├──── mei.py
│     ├──── torbjorn.py
│     └──── widowmaker.py
├──── offense
│     ├──── __init__.py
│     ├──── genji.py
│     ├──── mccree.py
│     ├──── pharah.py
│     ├──── reaper.py
│     ├──── soldier.py
│     └──── tracer.py
├──── support
│     ├──── __init__.py
│     ├──── ana.py
│     ├──── lucio.py
│     ├──── mercy.py
│     ├──── symmetra.py
│     └──── zenyatta.py
└──── tank
      ├──── __init__.py
      ├──── dva.py
      ├──── reinhardt.py
      ├──── roadhog.py
      ├──── winston.py
      └──── zarya.py

4 directories, 27 files
```

overwatch라는 패키지 안에는 defense, offense, support, tank라는 4개의 패키지를 포함하며 패키지 각각에는 또 모듈이 있습니다.

7.2.2 패키지 불러오기

패키지를 불러오는 방법은 모듈을 불러오는 방법과 같습니다. 다음 형식처럼 '.'을 이용해서 불러올 수 있습니다.

```
import <패키지이름>.<패키지/모듈이름>.<함수/클래스이름>
```

사용 예는 다음과 같습니다.

코드 7-10 패키지 불러오기 예

```
from vocaloids import hatsuneMiku

import overwatch
import overwatch.defense.bastion

from overwatch import tank
from overwatch.support import zenyatta
from overwatch.offense.reaper import *
```

7.1에서 설명한 것처럼 from과 import를 이용해 원하는 모듈만을 가져오거나, 해당 모듈의 클래스나 함수들을 전부 가져올 수 있습니다.

때로는 같은 패키지 안에서 다른 패키지나 모듈을 가져와야 할 상황이 있습니다. 그럴 때는 기존에 설명했던 '.'은 물론이고 '..' 등을 사용할 수 있습니다. 예를 들어 overwatch.tank.zarya 모듈에서 다른 모듈을 가져오려면 다음처럼 하면 됩니다.

코드 7-11 패키지 안 다른 패키지나 모듈 가져오기

```
# 현재 패키지 내부에 있는 모듈을 가져올 때
from . import dva
```

```
# 한 단계 위(overwatch)에서 접근 가능한 패키지/모듈을 가져올 때
from .. import support.zenyatta
```

7장에서 설명한 모듈과 패키지는 앞으로 파이썬으로 프로그래밍할 때 빈번하게 사용합니다. 어떤 모듈을 불러오거나 모듈을 패키지로 묶어서 불러오는 방법은 꼭 기억해두기 바랍니다.

파일 읽고 쓰기

이 장에서 다룰 내용은 파일 읽고 쓰기입니다. 당장 이 책의 1.5.1에서도 간단히 예를 보여드린 것이 파일 읽고 쓰기였습니다.

사실 파일 읽고 쓰기는 단순한 측면에서 1.5.1에서 소개한 몇 줄이면 끝날 정도로 간단합니다. 하지만 앞으로 파이썬으로 파일을 다루려면 파일 안 내용을 자유자재로 조작할 수 있어야 합니다. 따라서 파일을 읽고 쓸 때 자주 사용하는 몇 가지 옵션을 소개하겠습니다.

TIP 파이썬의 파일 읽고 쓰기와 관련한 더 자세한 내용은 파이썬 개발 문서의 '7.2 Reading and Writing Files[1]'을 참고하면 좋습니다.

8.1 파일 열기와 읽기

파이썬은 '있을 거 같다'라고 생각하는 함수 대부분을 정말 기본으로 제공합니다. 파일을 읽고 쓰는 것도 그중 하나입니다.

파일을 여는 데는 open ( ) 함수[2]면 충분합니다. 여기에서는 예제 파일 ch08 디렉터리 안에 있는 lorem.txt 파일을 열어볼 것입니다. 다음처럼 사용합니다.

----

1 https://docs.python.org/3.5/tutorial/inputoutput.html#reading-and-writing-files
2 https://docs.python.org/3/library/functions.html#open

코드 8-1 파일 열기

```
In[1]:
f = open('examples/lorem.txt', 'r')
```

첫 번째 파라미터는 현재 인터프리터가 실행 중인 경로 또는 스크립트가 실행 중인 경로를 기준으로 둔 파일의 상대 경로입니다. 두 번째는 파일을 여는 모드 옵션입니다. 파일을 여는 모드 옵션은 몇 가지가 있으며 open ( ) 함수는 두 번째 파라미터가 없다면 옵션 r을 기본값으로 적용합니다.

다음은 파라미터로 전달할 수 있는 모드 옵션입니다.

- **r**: 기본값. 읽기 전용으로 엽니다.
- **w**: 파일 쓰기. 파일이 이미 존재한다면 해당 파일을 비웁니다.
- **x**: 배타적 생성. 파일이 이미 존재한다면 open ( ) 실행은 실패합니다.
- **a**: 파일 쓰기. 파일이 이미 존재한다면 파일의 끝에 내용을 덧붙입니다.
- **b**: 바이너리 모드로 엽니다.
- **t**: 텍스트 모드로 엽니다.
- **+**: 읽기와 쓰기를 다 합니다.

그리고 앞 모드 옵션들은 조합해서 사용할 수 있습니다. 예를 들어 'w+b' (파일을 열고 0바이트로 비워버립니다)라든가 'r+b' (파일을 바이너리 모드로 읽고 쓸 수 있게 엽니다)등으로 말이죠. 또한 기본값으로 설정된 모드 옵션들은 달리 대체할 수 있는 모드를 설정하지 않는 이상 언제나 붙습니다. 즉, 아무런 파라미터도 전달하지 않으면 'r'이고, 'r'은 'rt'와 같습니다.

자, 파일을 열었으니 읽어볼 차례입니다. C를 배웠던 분들이라면 '파일 커서'라는 말을 기억할지도 모르겠습니다. 파일을 열고 난 뒤 어디서부터 읽거나 써야 하는지를 가리키는 것이죠. r, w로 열면 파일의 처음에 커서가 가 있고, a로 열면 파일의 마지막에 덧붙여야 하므로 파일의 마지막에 커서가 가 있습니다.

8.1.1 파일 전체 읽기

file 객체의 read ( ) 함수는 파일 전체 내용을 몽땅 다 읽어옵니다.

```
In[2]:
f.read()
```

```
Out[2]:
'Lorem ipsum dolor sit amet, consectetur adipiscing elit. Ut mollis hendrerit
faucibus. Nullam mollis iaculis laoreet. Duis bibendum augue ut velit dapibus, quis
semper mi pharetra. Nullam eu sapien purus.
<이후 데이터 생략>
```

8.1.2 파일 한 행 읽기

다시 파일을 열고 파일 안의 한 행을 읽어보겠습니다. 이때는 readline( )을 사용합니다.

코드 8-3 파일 한 줄 읽기

```
In[3]:
f = open("examples/lorem.txt")
f.readline()
```

```
Out[3]:
'Lorem ipsum dolor sit amet, consectetur adipiscing elit. Ut mollis hendrerit
faucibus. Nullam mollis iaculis laoreet. Duis bibendum augue ut velit dapibus,
quis semper mi pharetra. Nullam eu sapien purus. Morbi gravida magna ut egestas
viverra. Suspendisse non viverra ipsum, semper congue metus. Maecenas maximus augue
eget sollicitudin interdum.\n'
```

8.1.3 파일 전부를 읽고 한 행마다 리스트 아이템으로 가져오기

readlines( )는 파일을 전부 읽어서 리스트 아이템으로 반환합니다.

코드 8-4 파일을 전부 읽고 한 행마다 리스트 아이템으로 가져오기

```
In[4]:
f = open("examples/lorem.txt")
texts = f.readlines()
texts
```

```
Out[4]:
['Lorem ipsum dolor sit amet, consectetur adipiscing elit. Ut mollis hendrerit
faucibus. Nullam mollis iaculis laoreet. Duis bibendum augue ut velit dapibus,
quis semper mi pharetra. Nullam eu sapien purus. Morbi gravida magna ut egestas
viverra. Suspendisse non viverra ipsum, semper congue metus. Maecenas maximus augue
eget sollicitudin interdum.\n',
<중간 생략>
'\n',
'Morbi feugiat, elit a mollis maximus, neque felis fermentum lacus, eget
ullamcorper magna felis vitae tellus. Donec malesuada porttitor arcu, ut tincidunt
nisl vestibulum egestas. Nam sapien eros, cursus ac facilisis eu, elementum feugiat
elit. Etiam metus odio, congue id pharetra vitae, pharetra sit amet mi. Nunc
ultrices lectus quis dictum maximus. Mauris porta enim sed pharetra dignissim.
Morbi a mollis turpis. Phasellus est tortor, maximus id sem eu, fermentum ornare
ipsum. Phasellus ut elementum sapien.']
```

이때 리스트 각각의 아이템은 파일의 한 행이 됩니다. 이 리스트를 이용해서 [코드 8-5]처럼
각 행에 접근할 수 있습니다.

코드 8-5 각 행에 접근하기

```
In[5]:
print(texts[0])

Out[5]:
Lorem ipsum dolor sit amet, consectetur adipiscing elit. Ut mollis hendrerit
faucibus. Nullam mollis iaculis laoreet. Duis bibendum augue ut velit dapibus,
quis semper mi pharetra. Nullam eu sapien purus. Morbi gravida magna ut egestas
viverra. Suspendisse non viverra ipsum, semper congue metus. Maecenas maximus augue
eget sollicitudin interdum.
```

8.1.4 for 문 이용하기

file 객체는 순회 가능iterable하므로 for 문에 리스트 대신 file 객체를 넣을 수 있습니다.

> **TIP** 이터레이터(iterator) 속성을 갖는(혹은 구현한) 모든 객체는 순회 가능하다고 표현하며 for 문 등에서 차례로
> 무언가를 꺼내 오는 작업에 사용합니다. 더 자세한 설명은 파이썬 개발 문서 '9.8 Iterators[3]'를 참고하세요.

---

3 https://docs.python.org/3/tutorial/classes.html#iterators

```
In[6]:
f = open("examples/lorem.txt")

for line in f:
    print(line)
```

```
Out[]:
Lorem ipsum dolor sit amet, consectetur adipiscing elit. Ut mollis hendrerit
faucibus. Nullam mollis iaculis laoreet. Duis bibendum augue ut velit dapibus,
quis semper mi pharetra. Nullam eu sapien purus. Morbi gravida magna ut egestas
viverra. Suspendisse non viverra ipsum, semper congue metus. Maecenas maximus augue
eget sollicitudin interdum.
〈중간 생략〉




     Morbi feugiat, elit a mollis maximus, neque felis fermentum lacus, eget
ullamcorper magna felis vitae tellus. Donec malesuada porttitor arcu, ut tincidunt
nisl vestibulum egestas. Nam sapien eros, cursus ac facilisis eu, elementum feugiat
elit. Etiam metus odio, congue id pharetra vitae, pharetra sit amet mi. Nunc
ultrices lectus quis dictum maximus. Mauris porta enim sed pharetra dignissim.
Morbi a mollis turpis. Phasellus est tortor, maximus id sem eu, fermentum ornare
ipsum. Phasellus ut elementum sapien.
```

for 문 안 리스트가 들어갈 자리에 file 객체가 들어간 것을 확인할 수 있습니다. 이렇게 하면
루프를 한 번 실행할 때마다 read( )를 호출한 것처럼 동작할 수 있습니다.

8.2 파일 닫기

파이썬도 파일을 열고 나면 닫아주어야 합니다. 그럴 땐 close( )를 사용하면 됩니다. 닫고 나
면 더 이상 해당 file 객체에 대해 작업할 수 없습니다.

코드 8-7 파일 닫기

```
In[7]:
f.close()
```

8.2.1 with 이용하기

파이썬의 with는 파일을 열고 닫는 과정을 자동으로 해주고 그 과정에서 오류가 발생하면 알아서 처리까지 해주므로 편리합니다.

기본적인 형태는 import를 사용하는 것과 비슷합니다.

```
with open("<path-to-file") as f:
    #do something
    #with f
```

파일을 열면서 바로 as를 이용해 이름을 할당하면, with 아래 블록에서 해당 이름으로 파일에 접근할 수 있습니다. with를 벗어나면 자동으로 닫아줍니다.

코드 8-8 with 이용하기

```
In[]:
with open("examples/lorem.txt") as f:
    print(f.readline())

Out[]:
    Lorem ipsum dolor sit amet, consectetur adipiscing elit. Ut mollis hendrerit
faucibus. Nullam mollis iaculis laoreet. Duis bibendum augue ut velit dapibus,
quis semper mi pharetra. Nullam eu sapien purus. Morbi gravida magna ut egestas
viverra. Suspendisse non viverra ipsum, semper congue metus. Maecenas maximus augue
eget sollicitudin interdum.
```

열고 닫는 과정을 with 구문이 전부 해결해준다고 생각하고 with 안에서만 파일로 작업하면 됩니다.

with의 더 자세한 사용 방법은 Understanding Python's "with" statement[4]나 파이썬 개발 문서의 PEP 343 -- The "with" Statement[5]를 참고하기 바랍니다.

----

4 http://effbot.org/zone/python-with-statement.htm
5 https://www.python.org/dev/peps/pep-0343/

도전! 파이썬 실무 예제

2부에서는 필자가 실무에서 겪었던 경험을 바탕으로 둔 예제를 소개합니다. 실제로 바로 현업에서 사용하기에 무리가 없는 수준의 예제를 목표로 만들었으며, 예제 중 몇 가지는 서로 유기적으로 연동할 수 있게 구성했습니다. 하지만 그와는 별개로 현재 필요를 느끼는 부분만 먼저 골라서 볼 수도 있습니다.

2부를 원활히 진행하려면 부록에서 설명하는 Jupyter Notebook과 가상 환경인 venv 설정을 꼭 살펴볼 것을 권합니다. 이 도구들은 이 책의 예제는 물론 실무에서 파이썬을 사용할 때 꼭 활용하는 도구입니다.

Part II

도전! 파이썬 실무 예제

## CHAPTER 9

크롤링 애플리케이션 만들기

파이썬을 이용하는 목적에는 여러 가지가 있습니다. 그중 하나는 서비스하는 웹 페이지의 다양한 데이터를 수집하는 크롤링이 있습니다. 약 100여 행 정도의 코드로 사이트의 특정 게시글들을 모아서 데이터를 만들고, 그렇게 쌓인 데이터를 적절하게 분석해서 유의미한 정보를 만들거나 주기적으로 수집해서 어딘가에 보고하는 기반으로 사용할 수 있습니다.

이 장에서는 파이썬을 이용해 간단한 크롤링 애플리케이션을 만들어보겠습니다. 스크래피scrapy를 사용합니다.

9.1 스크래피

파이썬으로 만들어진 대표적인 크롤러는 스크래피입니다. 크롤링 프레임워크라고도 할 수 있습니다(스크래피 홈페이지에서 직접 그렇게 소개하고 있기도 합니다). 2008년 처음 0.7 버전이 공개된 이후 지속적인 개선을 거쳐 2017년 10월 현재 1.4 버전을 배포하고 있습니다. 버전 히스토리는 https://doc.scrapy.org/en/latest/news.html에서 확인할 수 있습니다.

스크래피의 장점은 다음과 같이 요약해볼 수 있습니다.

- 스크랩할 항목 유형을 정의하는 클래스를 만들 수 있습니다.
- 수집한 데이터를 원하는 대로 편집하는 기능을 제공합니다.

- 서버에 연동하기 위해 기능을 확장할 수 있습니다.
- 크롤링 결과를 JSON, XML, CSV 등의 형식으로 내보낼 수 있습니다.
- 손상된 HTML 파일을 분석할 수 있습니다.

본격적으로 예제를 살펴보기 전, 먼저 스크래피를 이용해서 크롤러를 만드는 대략적인 과정을 설명해보겠습니다. 다음과 같습니다.

1 크롤링할 아이템(item)을 설정합니다.
2 실제 크롤링할 스파이더(spider, 스크래피의 크롤러)를 만듭니다.
3 크롤링할 사이트(시작점)와 크롤링 규칙을 설정합니다.
4 스파이더의 종류에 따른 몇 가지 설정을 추가합니다. 예를 들어 크롤링할 URL의 패턴 등을 설정합니다.
5 HTML 문서를 파싱한 후 크롤러가 실행할 작업을 정의합니다.
6 크롤러를 실행합니다.

그럼 이 과정을 참고해 예제를 만들기 시작하겠습니다.

9.2 설치

이번 절에서는 스크래피를 설치하고, 프로젝트를 생성하고, 크롤링의 핵심이 되는 아이템 설정하기까지 살펴보겠습니다.

9.2.1 스크래피 프로젝트 생성

앞서 이야기했듯이 스크래피는 크롤링 프레임워크입니다. 그래서 단순히 코드 안에 패키지를 불러와서 실행할 수 없습니다. 물론 이러한 번거로움을 상쇄할 만큼 강력한 기능을 제공하기에 충분히 감내할 수 있습니다.

일단 `pip install scrapy` 명령을 실행해 스크래피를 설치합니다. 설치 후 터미널에서 `scrapy` 명령어를 입력하면, 다음과 같이 사용 가능한 옵션들을 확인할 수 있습니다.

```
$ scrapy
Scrapy 1.4.0 - no active project
```

```
Usage:
  scrapy <command> [options] [args]

Available commands:
  bench         Run quick benchmark test
  fetch         Fetch a URL using the Scrapy downloader
  genspider     Generate new spider using pre-defined templates
  runspider     Run a self-contained spider (without creating a project)
  settings      Get settings values
  shell         Interactive scraping console
  startproject  Create new project
  version       Print Scrapy version
  view          Open URL in browser, as seen by Scrapy

  [ more ]      More commands available when run from project directory

Use "scrapy <command> -h" to see more info about a command
```

현재 위치에 활성화된 스크래피 프로젝트가 없다는 정보를 표시한 후 사용할 수 있는 명령을 쭉 표시해줍니다. 여기서는 새 프로젝트를 시작할 것이므로 startproject 명령을 사용할 겁니다.

이제 scrapy startproject <프로젝트이름> 명령을 실행해 새 프로젝트를 생성합니다. 프로젝트 이름은 원하는 대로 설정하면 됩니다(이 책에서는 한빛미디어 홈페이지를 크롤링해볼 예정이므로 프로젝트 이름을 hanbit_media로 설정했습니다).

```
$ scrapy startproject hanbit_media
```

셸에서 tree hanbit_media 명령을 실행하면 현재 위치에 생성된 스크래피 프로젝트 파일들을 확인할 수 있습니다.

```
$ tree hanbit_media

hanbit_media
├── hanbit_media
│   ├── __init__.py
│   ├── __pycache__
│   ├── items.py
│   ├── middlewares.py
│   ├── pipelines.py
```

```
|      ├──── settings.py
|      └──── spiders
|            ├──── __init__.py
|            └──── __pycache__
└──── scrapy.cfg

4 directories, 7 files
```

9.2.2 아이템 설정하기

크롤링하는 이유는 여러 가지가 있겠지만, 기본적으로 비정형 데이터인 웹 페이지를 목적에 맞게 일정한 형태로 가공할 상황이 가장 많을 것입니다. 그래야 불규칙하게 흩어진 데이터를 정보로 만들 수 있습니다. 즉, 아이템 정의는 측정하기 위한 기준을 세우는 것이라고 할 수 있습니다. 우선 프로젝트를 만들면서 생성된 파일 중에 items.py 파일을 열어봅니다.

코드 9-1 items.py 파일 내용 확인

```
# -*- coding: utf-8 -*-

# Define here the models for your scraped items
#
# See documentation in:
# http://doc.scrapy.org/en/latest/topics/items.html

import scrapy


class HanbitMediaItem(scrapy.Item):
    # define the fields for your item here like:
    # name = scrapy.Field()
    pass
```

name = scrapy.Field( ) 주석이 아이템을 설정하는 코드 예입니다. 즉, 〈크롤링할항목 이름〉 = scrapy.Field( ) 형태로 아이템을 설정하라는 뜻입니다.

다음은 한빛미디어의 도서 소개 페이지를 살펴보겠습니다. 보통 책 정보에는 표지, 책 이름, 저자 이름, 번역자 이름, 출간일, 책 페이지 수, ISBN 등의 정보를 볼 수 있습니다.

그림 9-1 한빛미디어 홈페이지의 책 정보

이제 한빛미디어 홈페이지의 책 정보를 아이템으로 설정할 것입니다. [코드 9-2]를 참고해 item.py 파일을 수정합니다.

코드 9-2 items.py에 아이템 설정

```python
import scrapy

class HanbitMediaItem(scrapy.Item):
    # define the fields for your item here like:

    # 책 이름
    book_title = scrapy.Field()

    # 저자 이름
    book_author = scrapy.Field()

    # 번역자 이름
    book_translator = scrapy.Field()

    # 출간일
    book_pub_date = scrapy.Field()

    # ISBN
    book_isbn = scrapy.Field()
    pass
```

책 제목은 book_title, 저자 이름은 book_author, 번역자 이름은 book_translator, 출간일은 book_pub_date, ISBN은 book_isbn으로 설정했습니다. 이 아이템들로 해당 정보를 수집할 거라는 템플릿을 스크래피에 제시하는 역할을 합니다.

9.3 스파이더 만들기

수집할 정보를 결정해 아이템으로 설정했으니 실제 정보를 수집해야 합니다. 이제 사이트를 크롤링할 스파이더spider를 만들 차례입니다. 여담으로 스파이더의 뜻인 거미는 기어 다니니까 그야말로 크롤러의 뜻인 '기어 다니는 것'에 잘 어울린다고 생각합니다.

스크래피에서 스파이더를 생성해주는 명령어는 genspider입니다. 9.2.1의 스크래피 명령어 목록에서도 확인한 바 있습니다. 따라서 scrapy genspider 명령을 해당 프로젝트의 디렉터리에서 실행하면 genspider 명령의 각종 옵션과 사용 방법을 확인할 수 있습니다(이 예제라면 hanbit_media 디렉터리로 이동해서 실행하면 됩니다). 실행 결과는 다음과 같습니다.

```
$ scrapy genspider
Usage
=====

  scrapy genspider [options] <name> <domain>

Generate new spider using pre-defined templates

Options
=======
--help, -h              show this help message and exit
--list, -l              List available templates
--edit, -e              Edit spider after creating it
--dump=TEMPLATE, -d TEMPLATE
                        Dump template to standard output
--template=TEMPLATE, -t TEMPLATE
                        Uses a custom template.
--force                 If the spider already exists, overwrite it with the template

Global Options
--------------
--logfile=FILE          log file. if omitted stderr will be used
```

```
--loglevel=LEVEL, -L LEVEL
                        log level (default: DEBUG)
--nolog                 disable logging completely
--profile=FILE          write python cProfile stats to FILE
--pidfile=FILE          write process ID to FILE
--set=NAME=VALUE, -s NAME=VALUE
                        set/override setting (may be repeated)
--pdb                   enable pdb on failure
```

스파이더를 생성할 때 필요한 옵션은 -t입니다. -t 옵션은 크롤러의 템플릿을 결정할 때 사용합니다. 추가로 어떤 부가 옵션이 있는지 간략하게 소개하면 다음과 같습니다.

- **basic**: 가장 기본적인 크롤러입니다. 〈domain〉에서 설정한 페이지만 크롤링합니다.
- **crawl**: 설정한 규칙에 맞는 링크들을 재귀적으로 탐색합니다. 아마 대부분의 크롤링 작업에서 이 스파이더를 사용할 것입니다.
- **xmlfeed**: xml 피드를 크롤링합니다. 더 자세하게 말하면 xml의 각 노드를 크롤링합니다.
- **csvfeed**: xmlfeed 크롤러와 비교했을 때 각 행을 크롤링한다는 차이가 있습니다.

이제 scrapy genspider -t crawl book_crawl hanbit.co.kr 명령을 실행해 스파이더를 생성합니다. 주의할 점은 도메인 이름을 입력할 때 프로토콜인 'http://'와 'www'를 생략해야 한다는 것입니다. 출력 결과는 다음과 같습니다. 스파이더가 새로 생성되었음을 알려줍니다.

```
$ scrapy genspider -t crawl book_crawl hanbit.co.kr
Created spider 'book_crawl' using template 'crawl' in module:
  hanbit_media.spiders.book_crawl
```

스파이더 파일은 spiders 디렉터리에 생성됩니다.

코드 9-3 book_crawl.py 내용 확인

```python
# -*- coding: utf-8 -*-
import scrapy
from scrapy.linkextractors import LinkExtractor
from scrapy.spiders import CrawlSpider, Rule


class BookCrawlSpider(CrawlSpider):
    name = 'book_crawl'
    allowed_domains = ['hanbit.co.kr']
```

```
    start_urls = ['http://hanbit.co.kr/']

    rules = (
        Rule(LinkExtractor(allow=r'Items/'), callback='parse_item', follow=True),
    )

    def parse_item(self, response):
        i = {}
        #i['domain_id'] = response.xpath('//input[@id="sid"]/@value').extract()
        #i['name'] = response.xpath('//div[@id="name"]').extract()
        #i['description'] = response.xpath('//div[@id="description"]').extract()
        return i
```

코드의 start_urls를 살펴보면 생략했던 http://www.가 있음을 확인할 수 있습니다.

참고로 스파이더 생성에 관한 더 자세한 정보는 스크래피 개발 문서의 'Generic Spiders[1]'를 살펴보기 바랍니다.

9.3.1 스파이더 파일 수정하기

스파이더 파일을 생성했다면 이제 목적에 맞게 스파이더 파일을 수정해야 합니다. 여기서는 수집할 링크의 규칙을 정하는 rules와 규칙에 맞는 URL을 발견했을 때 해당 URL의 내용을 파싱하고 정제할 parse_item( )을 수정해야 합니다. 우선 book_crawl.py를 수정할 때의 코드 기본 구조를 살펴보겠습니다. [코드 9-4]와 같습니다.

코드 9-4 스파이더 기본 구조 작성

```
class BookCrawlSpider(CrawlSpider):
    # 크롤러의 이름입니다. 실제 크롤링을 실행할 때 사용합니다.
    name = 'book_crawl'

    # 크롤러 실행을 허용할 도메인을 여기서 지정합니다.
    # 해당 서버에서 실행되다가 허용된 도메인 이외는 무시합니다.
    allowed_domains = ['hanbit.co.kr']

    # 시작점으로 사용할 URL입니다.
```

---

1 http://doc.scrapy.org/en/1.4/topics/spiders.html#generic-spiders

```
# 리스트로 지정해 한 번에 여러 웹 페이지에서 크롤링을 시작하게 할 수 있습니다.
start_urls = ['http://www.hanbit.co.kr/']

# 크롤러가 어떻게 작동할지 규칙을 설정합니다.
# 크롤러는 시작점의 모든 링크를 검사한 후,
# 규칙에 맞는 링크가 있으면 정해진 콜백 메서드를 실행합니다.
# follow가 True면 해당 페이지의 링크를 대상으로 재귀적으로 앞 작업을 반복합니다.
rules = (
    Rule(
        # 크롤링할 링크를 정규 표현식을 이용해서 표현합니다.
        LinkExtractor(allow=r'Items/'),
        # 해당 링크에 요청을 보내고 응답이 오면 실행할 콜백 메서드를 지정합니다.
        callback='parse_item',
        # True로 설정되어 있으면, 응답에 다시 한번 rules를 적용해 재귀적으로 실행합니다.
        follow=True),
    # 이렇게 여러 개의 규칙을 설정할 수 있습니다.
    # Rule(LinkExtractor(allow=r'.*'), callback='parse_item', follow=True),
)

def parse_item(self, response):
    """rules를 통과한 링크에 요청을 보내 응답을 받으면 Rule()에 설정한 콜백 메서드를 해당
    응답 결과에 실행합니다.
    따라서 response를 파라미터로 받고 XPath라든가 CSS 선택자를 이용해서 원하는 요소를
    추출할 수 있습니다.
    """

    # 앞서 설정한 아이템에 맞춰 딕셔너리를 채우고 반환합니다.
    i = {}
    #i['domain_id'] = response.xpath('//input[@id="sid"]/@value').extract()
    #i['name'] = response.xpath('//div[@id="name"]').extract()
    #i['description'] = response.xpath('//div[@id="description"]').extract()
    return i
```

주석을 참고하면 코드를 이해하는 데 큰 어려움이 없을 것으로 생각합니다.

9.4 스파이더 규칙 설정하기

9.3.1에서 코드를 수정한 것은 스파이더가 제대로 동작하기 위한 기본 골격을 만들어준 것입니다. 그럼 이제 스파이터의 세부 규칙을 설정하겠습니다. 우선 Rule ( )부터 살펴보겠습니다.

```
rules = (
    Rule(LinkExtractor(allow=r'Items/'), callback='parse_item', follow=True),
)
```

rules는 이 스파이더가 크롤링할 링크의 규칙을 정의합니다. LinkExtractor에는 수집할 데이터 및 링크가 담긴 주소를 현재 도메인에 상대 주소로 적습니다. 따라서 수집하려는 데이터가 담긴 페이지 링크를 정규 표현식으로 적절하게 구분할 수 있어야 합니다.

한빛미디어의 책 정보를 보여주는 페이지는 'http://www.hanbit.co.kr/store/books/look.php?p_code=B8463790401'과 같은 형태입니다. 여기서 도메인을 제외하면 'store/books/look.php?p_code=B8463790401' 부분이 남습니다. 그리고 최종 책 정보에 해당하는 변하는 부분은 상품 코드에 해당하는 'B8463790401'입니다.

따라서 최종 해당 URL의 정규 표현식은 store/books/look.php\?p_code=.*가 됩니다. 참고로 ?는 정규 표현식에서 사용하는 특수 문자 중 하나이므로 텍스트로 사용한다는 걸 나타내기 위해 역슬래시(\)를 사용했습니다.

allow에는 String이나 String List를 전달할 수 있으므로 HTTP 요청을 보내서 callback에 해당 요청을 처리할 함수를 지정하면 됩니다.

그럼 정의된 규칙을 코드에 넣겠습니다. 다음과 같습니다.

코드 9-5 규칙 설정하기 1

```
# -*- coding: utf-8 -*-
import scrapy
from scrapy.linkextractors import LinkExtractor
from scrapy.spiders import CrawlSpider, Rule


class BookCrawlSpider(CrawlSpider):
    name = 'book_crawl'
    allowed_domains = ['www.hanbit.co.kr']
    start_urls = ['http://www.hanbit.co.kr/']

    rules = (
        # store/books/look.php?p_code=B8463790401
        Rule(LinkExtractor(allow=r'store/books/look.php\?p_code=.*'),
```

```
            callback='parse_item', follow=True),
    )

    def parse_item(self, response):
        i = {}
        return i
```

수정한 코드는 정규 표현식 store/books/look.php\?p_code=.*를 만족하는 모든 링크에 parse_item( ) 함수를 실행하고, 다시 한번 해당 페이지에 재귀적으로 rules를 적용하라는 뜻이 됩니다. 참고로 callback='parse_item'과 follow=True를 생략하면 정규 표현식을 만족하는 링크들을 크롤링할 대상에 넣어두기만 합니다.

일단 앞의 규칙만으로는 모든 책의 목록을 가져올 수 없습니다. 이제 각각의 책 목록이 있는 페이지를 탐색하는 새 규칙과 시작점을 추가해보겠습니다. 이에 해당하는 한빛미디어 홈페이지의 항목은 '카테고리'입니다. 카테고리에서 확인해야 할 항목은 카테고리 목록의 개수와 해당 카테고리의 페이지 수입니다. 이를 추출해야 그 아래에 있는 책 링크들을 얻을 수 있습니다. [그림 9-2]와 [그림 9-3]과 같습니다.

그림 9-2 카테고리 수 확인

그림 9-3 페이지 수 확인

각 카테고리의 세부 URL을 분석해보면 'store/books/category_list.html?cate_cd=카테고리숫자'의 형태고, 각 페이지의 세부 URL은 store/books/category_list.html?page=페이지숫자&cate_cd=세자리숫자&srt=p_pub_date의 형태입니다. 이를 rules에 넣기 위해 적절히 정규 표현식 형태로 만들어보겠습니다.

먼저 각 카테고리들을 전부 시작점에 넣어보죠. [그림 9-2]를 보면 카테고리는 8개가 있으니 다음과 같이 start_urls를 지정합니다.

```
start_urls = [
        'http://www.hanbit.co.kr/store/books/category_list.html?cate_cd=001',
        'http://www.hanbit.co.kr/store/books/category_list.html?cate_cd=002',
        'http://www.hanbit.co.kr/store/books/category_list.html?cate_cd=003',
        'http://www.hanbit.co.kr/store/books/category_list.html?cate_cd=004',
        'http://www.hanbit.co.kr/store/books/category_list.html?cate_cd=005',
        'http://www.hanbit.co.kr/store/books/category_list.html?cate_cd=006',
        'http://www.hanbit.co.kr/store/books/category_list.html?cate_cd=007',
        'http://www.hanbit.co.kr/store/books/category_list.html?cate_cd=008',
                ]
```

다음에는 rules에 추가로 크롤링할 웹 페이지의 규칙을 넣어봅시다. 카테고리 페이지들인 'store/books/category_list.html?page=페이지숫자&cate_cd=카테고리숫자&srt=p_pub_date'를 정규 표현식으로 변환하면 store/books/category_list.html?page=\d+&cate_cd=00\d+&srt=p_pub_date가 됩니다. 이를 반영한 rules 코드는 다음과 같습니다.

```
rules = (
    # store/books/look.php?p_code=B8463790401
    Rule(LinkExtractor(allow=r'store/books/look.php\?p_code=.*'),
        callback='parse_item', follow=True),
    # store/books/category_list.html?page=2&cate_cd=003&srt=p_pub_date
    Rule(LinkExtractor(allow=
        r'store/books/category_list\.html\?page=\d+&cate_cd=00\d+&srt=p_pub_date'))
)
```

두 부분을 모두 반영하면 [코드 9-6]과 같습니다.

코드 9-6 규칙 설정하기 2

```python
# -*- coding: utf-8 -*-
import scrapy
from scrapy.linkextractors import LinkExtractor
from scrapy.spiders import CrawlSpider, Rule


class BookCrawlSpider(CrawlSpider):
    name = 'book_crawl'
    allowed_domains = ['www.hanbit.co.kr']
    start_urls = [
        'http://www.hanbit.co.kr/store/books/category_list.html?cate_cd=001',
        'http://www.hanbit.co.kr/store/books/category_list.html?cate_cd=002',
        'http://www.hanbit.co.kr/store/books/category_list.html?cate_cd=003',
        'http://www.hanbit.co.kr/store/books/category_list.html?cate_cd=004',
        'http://www.hanbit.co.kr/store/books/category_list.html?cate_cd=005',
        'http://www.hanbit.co.kr/store/books/category_list.html?cate_cd=006',
        'http://www.hanbit.co.kr/store/books/category_list.html?cate_cd=007',
        'http://www.hanbit.co.kr/store/books/category_list.html?cate_cd=008',
            ]

    rules = (
        # store/books/look.php?p_code=B8463790401
        Rule(LinkExtractor(allow=r'store/books/look.php\?p_code=.*'),
            callback='parse_item', follow=True),
        # store/books/category_list.html?page=2&cate_cd=003&srt=p_pub_date
        Rule(LinkExtractor(allow=
            r'store/books/category_list\.html\?page=\d+&cate_cd=00\d+&srt=p_pub_date'))
    )

    def parse_item(self, response):
        i = {}
        return i
```

이제 스파이더는 한빛미디어 홈페이지의 모든 개별 상품 페이지를 크롤링할 것입니다. 그리고 모든 개별 상품 페이지의 요청 응답에 콜백 메서드로 parse_item( ) 함수를 실행합니다.

9.5 파서 함수 정의하기

parse_item( ) 함수는 개별 상품 페이지 각각을 요청하면 응답을 파싱해서 원하는 데이터를 추출하는 함수입니다. 응답으로 받은 HTML 코드 안에서 XPath[2]나 CSS 선택자 형식으로 데 이터를 뽑아낼 수 있습니다.

이제 개별 상품 페이지에서 앞에서 정의한 아이템에 해당하는 정보들을 찾아봐야 합니다. [그 림 9-4]와 같습니다.

그림 9-4 상품 페이지 분석

여기서 주목해야 할 곳은 오른쪽의 책 정보를 HTML 태그로 표현한 부분입니다. 코드 구조는 다음과 같습니다.

```
<div class="store_product_info_box">
    <h3>모던 웹을 위한 Node.js 프로그래밍 3판</h3>
    <p class="stit">Node.js LTS 버전으로 배우는 웹 애플리케이션 서버 프로그래밍</p>

    <div class="info_area">
        <div class="info_ico">
            <p class="ico_m">한빛미디어</p>
            <p class="ico_book1">집필서</p>
            <p class="ico_shopping1">판매중</p>
        </div>
        <ul class="info_list">
```

---

2 https://ko.wikipedia.org/wiki/XPath

```
            <li><strong>저자 : </strong><span>윤인성 </span></li>
            <li><strong>출간 : </strong><span>2016-07-01</span></li>
            <li><strong>페이지 : </strong><span>544 쪽</span></li>
            <li><strong>ISBN : </strong><span>9788968482946</span></li>
            <li><strong>물류코드 :</strong><span>2294</span></li>
          </ul>
          <!-- 중간 생략 -->
        </div>
        <!-- 중간 생략 -->
    </div>
```

실제로 이해하는 데 필요한 부분 외에는 적절하게 태그를 제거했습니다. 여기서 제목과 책 정보들을 뽑아낼 수 있어야 합니다. 그래야 response에서 정보를 가져올 수 있습니다.

필요한 정보는 제목, 저자 정보 등의 CSS 선택자나 XPath입니다. 이런 경로는 웹 브라우저의 개발자 도구에서 쉽게 추출할 수 있게 지원합니다. [그림 9-5]는 크롬 개발자 도구에서 책이름이 적힌 <h3> 태그에 오른쪽 마우스 버튼을 클릭했을 때 나오는 컨텍스트 메뉴입니다. [Copy] → [Copy XPath]를 선택하면 XPath를 복사할 수 있습니다.

그림 9-5 XPath 경로 복사

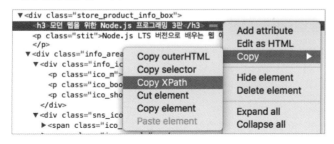

다행히 한빛미디어의 개별 상품 페이지는 여러 권의 책을 소개하지 않으므로 XPath를 복사해서 사용해도 됩니다. 만약에 게시판처럼 한 페이지에 여러 권의 책을 소개하는 형태라면 다른 방법을 사용하는 것이 좋습니다.

책 이름의 XPath는 //*[@id="container"]/div[1]/div[1]/div[1]/div[2]/h3고 뒤에 책이름 텍스트를 가져오기 위해 /text( )를 붙여줍니다. 이를 콜백 함수의 파라미터로 전달한 response에 넣어야 합니다. 아까 책 이름의 아이템을 book_title로 설정했으므로 다음과 같이 코드를 작성합니다.

```
def parse_item(self, response):
    i = {}
    i['book_title'] =
        response.xpath(
            '//*[@id="container"]/div[1]/div[1]/div[1]/div[2]/h3/text()'
        ).extract()
    return i
```

이제 책 제목을 수집한 후 스크래피가 처리해서 이미 만들어두었던 아이템 클래스와 맞춰줍니다. 그럼 나머지 정보도 채워보겠습니다.

NOTE_ XPath와 CSS 선택자를 함께 사용하는 예

스크래피는 response에서 CSS 선택자와 XPath를 함께 사용할 수 있도록 해두었습니다. 다음 예의 세 번째 코드는 CSS 선택자와 XPath를 함께 사용한 예입니다.

```
>>> from scrapy import Selector
>>> sel = Selector(text='<div class="hero shout"><time datetime="2014-07-23 19:00">Special date</time></div>')
>>> sel.css('.shout').xpath('./time/@datetime').extract()
[u'2014-07-23 19:00']
```

앞서 언급한 것처럼 같은 위상의 데이터가 한 페이지에 존재할 수 있으므로 상황에 따라 두 가지를 복합적으로 사용하는 것을 적극 고려하는 편이 좋습니다.

참고로 XPath쪽이 대부분 좀 더 간결한 선택을 할 수 있게 합니다.

책 이름과 같은 방식으로 저자 이름, 번역자 이름, 출간일, ISBN을 수집하는 코드를 작성하면 다음과 같습니다.

```
def parse_item(self, response):
    i = {}

    # 책 이름
    i['book_title'] = response.xpath(
        '//*[@id="container"]/div[1]/div[1]/div[1]/div[2]/h3/text()').extract()

    # 저자 이름
    i['book_author'] = response.xpath(
```

```
            '//*[@id="container"]/div[1]/div[1]/div[1]/div[2]/ul/li[strong/text()="저자 : "]
                /span/text()').extract()

        # 번역자 이름
        i['book_translator'] = response.xpath(
            '//*[@id="container"]/div[1]/div[1]/div[1]/div[2]/ul/li[strong/text()="번역 : "]
                /span/text()').extract()

        # 출간일
        i['book_pub_date'] = response.xpath(
            '//*[@id="container"]/div[1]/div[1]/div[1]/div[2]/ul/li[strong/text()="출간 : "]
                /span/text()').extract()

        # ISBN
        i['book_isbn'] = response.xpath(
            '//*[@id="container"]/div[1]/div[1]/div[1]/div[2]/ul/li[strong/text()="ISBN : "]
                /span/text()').extract()
        return i
```

참고로 한빛미디어의 개별 상품 페이지 안에서 저자는 언제나 있지만, 번역자는 있을 수도 없을 수도 있습니다. 따라서 book_author의 response.xpath에는 숫자 대신 형제 요소를 검사하는 strong/text( )="항목이름 : "을 넣었습니다. CSS 선택자로 할 수 없는 부분입니다.

9.6 완성된 스파이더 클래스

최종 완성된 스파이더 클래스 BookCrawlSpider는 다음과 같습니다.

코드 9-7 BookCrawlSpider 클래스

```
# -*- coding: utf-8 -*-
import scrapy
from scrapy.linkextractors import LinkExtractor
from scrapy.spiders import CrawlSpider, Rule


class BookCrawlSpider(CrawlSpider):
    # 크롤러의 이름입니다. 실제 크롤링을 실행할 때 사용합니다.
    name = 'book_crawl'
```

```python
# 크롤러 실행을 허용할 도메인을 여기서 지정합니다.
# 해당 서버에서 실행되다가 허용된 도메인 이외는 무시합니다.
allowed_domains = ['hanbit.co.kr']

# 시작점으로 사용할 URL입니다.
# 리스트로 지정해 한 번에 여러 웹 페이지에서 크롤링을 시작하게 할 수 있습니다.
start_urls = [
    'http://www.hanbit.co.kr/store/books/category_list.html?cate_cd=001',
    'http://www.hanbit.co.kr/store/books/category_list.html?cate_cd=002',
    'http://www.hanbit.co.kr/store/books/category_list.html?cate_cd=003',
    'http://www.hanbit.co.kr/store/books/category_list.html?cate_cd=004',
    'http://www.hanbit.co.kr/store/books/category_list.html?cate_cd=005',
    'http://www.hanbit.co.kr/store/books/category_list.html?cate_cd=006',
    'http://www.hanbit.co.kr/store/books/category_list.html?cate_cd=007',
    'http://www.hanbit.co.kr/store/books/category_list.html?cate_cd=008',
        ]


# 크롤러가 어떻게 작동할지 규칙을 설정합니다.
# 크롤러는 시작점의 모든 링크를 검사한 후,
# 규칙에 맞는 링크가 있으면 정해진 콜백 메서드를 실행합니다.
# follow가 True면 해당 페이지의 링크를 대상으로 재귀적으로 앞 작업을 반복합니다.
rules = (
    Rule(
        # 크롤링할 링크를 정규 표현식을 이용해서 표현합니다.
        # store/books/look.php?p_code=B8463790401
        LinkExtractor(allow=r'store/books/look.php\?p_code=.*'),

        # 해당 링크에 요청을 보내고 응답이 오면 실행할 콜백 메서드를 지정합니다.
        callback='parse_item',

        # True로 설정되어 있으면, 응답에 다시 한번 rules를 적용해 재귀적으로 실행합니다.
        follow=True),

        # 이렇게 여러 개의 규칙을 설정할 수 있습니다.
        # Rule(LinkExtractor(allow=r'.*'), callback='parse_item', follow=True),
        # store/books/category_list.html?page=2&cate_cd=003&srt=p_pub_date
        Rule(LinkExtractor(allow=
            r'store/books/category_list\.html\?page=\d+&cate_cd=00\d+&srt=p_pub_date'))
)

def parse_item(self, response):
    """rules를 통과한 링크에 요청을 보내 응답을 받으면 Rule()에 설정한 콜백 메서드를 해당
        응답 결과에 실행합니다.
            따라서 response를 파라미터로 받고 XPath라든가 CSS 선택자를 이용해서 원하는 요소를
```

추출할 수 있습니다.
"""

```python
# 앞서 설정한 item에 맞춰 딕셔너리를 채우고 반환합니다.
i = {}
#i['domain_id'] = response.xpath('//input[@id="sid"]/@value').extract()
#i['name'] = response.xpath('//div[@id="name"]').extract()
#i['description'] = response.xpath('//div[@id="description"]').extract()

# 책 이름
i['book_title'] = response.xpath(
    '//*[@id="container"]/div[1]/div[1]/div[1]/div[2]/h3/text()').extract()

# 저자 이름
i['book_author'] = response.xpath(
    '//*[@id="container"]/div[1]/div[1]/div[1]/div[2]/ul/li[strong/text()=
        "저자 : "]/span/text()').extract()

# 번역자 이름
i['book_translator'] = response.xpath(
    '//*[@id="container"]/div[1]/div[1]/div[1]/div[2]/ul/li[strong/text()=
        "번역 : "]/span/text()').extract()

# 출간일
i['book_pub_date'] = response.xpath(
    '//*[@id="container"]/div[1]/div[1]/div[1]/div[2]/ul/li[strong/text()=
        "출간 : "]/span/text()').extract()

# ISBN
i['book_isbn'] = response.xpath(
    '//*[@id="container"]/div[1]/div[1]/div[1]/div[2]/ul/li[strong/text()=
        "ISBN : "]/span/text()').extract()
return i
```

9.7 크롤링 GO!

이제 크롤링을 시작하라고 명령하면 됩니다! 크롤링하려면 프로젝트 폴더에서 scrapy crawl 명령을 실행하면 됩니다. 명령 구성은 scrapy crawl <크롤러이름> -o <출력파일이름>

-t 〈출력형식〉입니다. 따라서 CSV 형식으로 book_list.csv라는 파일에 크롤링한 아이템을 저장하는 명령은 다음과 같습니다.

```
$ scrapy crawl book_crawl -o book_list.csv -t csv
```

실행 결과의 일부는 다음과 같습니다.

```
book_title,book_author,book_translator,book_pub_date,book_isbn
2016 전기공사기사 실기 과년도 기출문제,김상훈 ,,2016-05-04,9791156642466
2018 전기기능사 필기,"김상훈 , 김정현 ",,2017-08-07,9791156643234
2016 전기공사산업기사 실기 과년도 기출문제,김상훈 ,,2016-05-04,9791156642473
2017 전기산업기사 필기 과년도 기출문제 & 동영상,김상훈 ,,2016-12-07,9791156642817
아주 큰 스케치북 : 그림 그리기,편집부 ,,2017-10-10,9791162240090
2017 전력공학,김상훈 ,,2016-12-26,9791156642916
2017 전기자기학,김상훈 ,,2016-12-26,9791156642886
2017 회로이론,김상훈 ,,2016-12-29,9791156642893
```

참고로 출력할 때 지원하는 파일 포맷은 다음과 같습니다.

- jsonlines
- json
- xml
- csv
- pickle
- jl
- marshal

## CHAPTER 10

SQLite 데이터베이스 사용하기

애플리케이션에서 주로 다루는 건 데이터입니다. 어디선가 데이터를 불러와서 어딘가에 저장하죠. 데이터를 읽어오는 곳은 여러 군데가 있겠지만, 저장하는 곳은 보통 파일 아니면 데이터베이스가 될 것입니다. 따라서 데이터베이스를 다루는 건 언젠가 여러분이 직접 마주치는 작업이 될 겁니다.

이 장에서는 모바일 앱에서 많이 사용하는 SQLite라는 데이터베이스를 다루는 방법을 살펴보겠습니다.

10.1 SQLite

SQLite[1]는 디스크 파일 기반의 데이터베이스입니다. 별도의 데이터베이스를 준비해야 할 필요가 없어서 데이터베이스를 제대로 구축하기 전 프로토타이핑하기에 매우 좋습니다. 파일뿐만 아니라 메모리에 데이터베이스를 생성해서 사용할 수도 있습니다.

---

1 https://www.sqlite.org

그림 10-1 SQLite 홈페이지

어떤 설정을 할 필요가 없고, 데이터베이스 서버를 구축할 필요도 없습니다. SQLite를 사용하는 데 필요한 건 제대로 설치된 파이썬뿐입니다.

파이썬은 데이터베이스 API에 대한 규격도 정의해 놓았습니다. 따라서 SQLite로 데이터베이스를 프로토타이핑하거나 간단하게 구현해두고, 나중에 데이터베이스에 연결하는 부분만 바꿔주면 손쉽게 다른 데이터베이스 엔진이나 서버에 연결해서 사용할 수 있습니다.

그럼 바로 SQLite를 사용하는 방법을 살펴보겠습니다. 참고로 더 자세한 내용을 살펴보려면 '12.6. sqlite3 — DB-API 2.0 interface for SQLite databases[2]'를 살펴보면 좋습니다.

10.2 데이터베이스 연결하기

먼저 해야 할 것은 당연하겠지만 데이터베이스에 연결하는 것입니다. 그러려면 먼저 SQLite를 불러와야 합니다. 다음은 SQLite를 불러와서 데이터베이스 파일을 하나 생성해 사용할 준비를 하는 코드입니다. 필자의 경우 examples 디렉터리를 만들고 그 안에 db.sqlite라는 파일을 생성할 것입니다.

코드 10-1 데이터베이스 생성과 연결

```
In[1]:
import sqlite3
```

---

2 https://docs.python.org/3/library/sqlite3.html

```
# 데이터베이스 파일이 저장될 경로와 파일 이름을 써서 데이터베이스에 연결합니다.
con = sqlite3.connect("examples/db.sqlite")

# 유니코드 인코딩 문제가 발생하면 해당 코드의 주석을 해제하고 실행하세요.
# con.text_factory = str

# 메모리에서 직접 데이터베이스를 이용하는 코드입니다.
# con = sqlite3.connect(":memory:")

# 데이터베이스를 동작시키기 위한 Cursor 객체를 생성합니다.
# 데이터베이스를 사용하기 위한 마지막 준비라고 생각하면 됩니다.
cur = con.cursor()

# 이제 무언가 하면 됩니다.
```

connect( )로 연결하고 cursor( )로 데이터베이스를 동작시켜서 작업하는 형식이 됩니다. 파이썬을 이용한 데이터베이스 작업 대부분은 앞의 과정을 그대로 따릅니다. 따라서 꼭 기억해두면 좋겠습니다. 이것으로 SQLite 데이터베이스 파일 생성과 연결이 끝났습니다.

10.3 테이블 생성하기

데이터베이스 구조의 기본은 테이블입니다. 이러한 테이블을 생성하는 작업 역시 파이썬 코드에 테이블 생성 쿼리(CREATE 문)를 포함시켜 실행하면 간단하게 처리할 수 있습니다. 보통 쿼리문을 포함시켜 실행할 때는 Cursor 클래스의 execute( )를 사용하면 됩니다.

이 책에서는 9장에서 생성한 book_list.csv 파일을 데이터베이스의 데이터로 이용할 것입니다. 따라서 [코드 10-2]를 참고해 hanbit_books라는 테이블을 생성했습니다.

코드 10-2 테이블 생성

```
In[2]:
cur.execute("""create table hanbit_books (
                title varchar(100),
                author varchar(100),
                translator varchar(100),
                pub_date date,
```

```
        isbn varchar(100)
    )""")
con.commit()
```

execute( )의 파라미터로 테이블 생성 및 열 생성 쿼리가 들어가고, commit( )으로 해당 작업을 커밋하는 것입니다. 또한 테이블을 생성하면서 책 이름(title), 저자(author), 번역자(translator), 출간일(pub_date), ISBN(isbn)이라는 열을 함께 생성했습니다. 참고로 테이블 생성 작업은 commit( )을 실행하지 않아도 자동으로 됩니다. 단, 명시해주는 것이 혹시 발생할 수 있는 에러를 방지하는 데 도움이 됩니다.

10.4 데이터 삽입

만들어진 테이블에 데이터를 넣어보겠습니다.

코드 10-3 테이블에 데이터 넣기

```
In[3]:
cur.execute("insert into hanbit_books values (?, ?, ?, ?, ?)",
    ("책 이름", "저자 이름", "번역자 이름", "2016-08-22"," 9788968480011"))

Out[3]:
<sqlite3.Cursor at 0x110034570>
```

execute( )의 두 번째 파라미터 리스트 내부의 아이템 순서대로 채워집니다. 참고로 첫 번째 파라미터의 ?는 두 번째 파라미터 리스트 숫자만큼 넣어야 합니다.

때로는 변수 하나가 여러 열에 들어갈 경우가 있습니다. 그럴 때는 이름 있는 파라미터를 사용하면 됩니다.

코드 10-4 이름 있는 파라미터 사용하기

```
In[4]:
query_str = "insert into hanbit_books values (:title, :title, :title, :pub_date, :isbn)"
params = {
```

```
    "title":"책 이름",
    "pub_date":"2017-10-12",
    "isbn":9788968480022
}

cur.execute(query_str, params)

Out[4]:
<sqlite3.Cursor at 0x110034570>
```

10.4.1 여러 개 데이터 한꺼번에 넣기

사실 사용자가 직접 데이터를 입력해서 데이터베이스에 넣는 일은 execute ( )로 대부분 처리
할 수 있습니다. 하지만 데이터를 다루다 보면 대량의 데이터를 한꺼번에 넣어야 할 때가 있습
니다. 이때는 executemany ( )를 사용합니다.

먼저 대량의 데이터를 준비해보겠습니다. 앞에서 언급했던 것처럼 9장에서 생성한 크롤링
결과 데이터인 book_list.csv를 사용하겠습니다. 해당 파일의 데이터를 가져오는 건 [코드
10-5]와 같습니다.

코드 10-5 CSV 파일에서 데이터 가져오기

```
In[5]:
import csv

# csv 파일을 엽니다.
csv_file = open("examples/book_list.csv")

# 연 파일을 csv 리더로 읽습니다.
csv_reader = csv.reader(csv_file)

# csv 파일을 리스트 형식으로 바꿉니다.
book_list = list(csv_reader)

# csv header를 제거합니다.
book_list = book_list[1:]

# 최초 크롤링할 때 있었던 저자 혹은 번역자 데이터의 앞뒤 공백을 제거합니다.
for item in book_list:
    item[1] = item[1].strip()
```

```
        item[2] = item[2].strip()

# 제대로 되었나 출력해봅니다.
print(book_list)

Out[5]:
[
['2016 전기공사기사 실기 과년도 기출문제', '김상훈', '2016-05-04', '9791156642466'],
['(D-30 단기합격 솔루션) 전기산업기사 필기 핵심 이론 & 엄선된 필수 기출문제 458선', '김상훈',
'2015-06-02', '9791156641940'],
['2016 전기산업기사 필기 과년도 기출문제 & 동영상', '김상훈', '2015-11-02', '9791156642121'],
['2016 전기기사 필기 과년도 기출문제 & 동영상', '김상훈', '2015-11-02', '9791156642114'],
['마이 리얼 유럽', '마이리얼트립', '2016-08-25', '9791185933443'],
['2016 전력공학 이론+기출문제 & 동영상 (Part2~3 기출문제만 3개월 무료 동영상 제공)', '김상훈',
'2015-12-01', '9791156642190'],
['2016 전기자기학 이론+기출문제 & 동영상 (Part2~3 기출문제만 3개월 무료 동영상 제공)', '김상훈',
'2015-12-01', '9791156642183'],
['2016 전기응용 및 공사재료 이론+기출문제 & 동영상 (Part2~3 기출문제만 3개월 무료 동영상 제공)',
'김상훈', '2015-12-01', '9791156642237'],
['2016 전기기기 이론+기출문제 & 동영상 (Part2~3 기출문제만 3개월 무료 동영상 제공)', '김상훈',
'2015-12-01', '9791156642206'],
['(D-30 단기합격 솔루션) 전기기사 필기 핵심 이론 & 엄선된 필수 기출문제 466선', '김상훈', '2015-
06-02', '9791156641933'],
['2016 회로이론 이론+기출문제 & 동영상 (Part2~3 기출문제만 3개월 무료 동영상 제공)', '김상훈',
'2015-12-01', '9791156642176'],
['2016 전기공사산업기사 필기 과년도 기출문제 & 동영상', '김상훈', '2015-12-01',
'9791156642145'],

<데이터 생략>

]
```

이제 book_list에는 약 1,000권 정도의 책 정보가 들어갔습니다. 많은 양이 아니라고 말할 분도 있겠지만, 수동으로 넣기에 버거운 양이긴 합니다.

그럼 이 책 정보를 데이터베이스에 넣겠습니다.

코드 10-6 데이터베이스에 book_list 데이터 넣기

```
In[6]:
cur.executemany("insert into hanbit_books values (?, ?, ?, ?, ?)", book_list)
```

```
Out[6]:
<sqlite3.Cursor at 0x110034570>
```

데이터를 넣었으면 확정하기 위해 commit( )을 실행합니다.

코드 10-7 삽입한 데이터 확정하기

```
In[7]:
con.commit()
```

10.5 데이터 선택하기

이제 데이터가 제대로 들어갔는지 선택해볼 차례입니다. 사실 데이터를 다룰 때 제일 많이 하는 일은 조건을 설정해 데이터를 가져와서 적절히 분석하거나, 그래프를 그리거나, 통계를 내거나 하는 작업일 겁니다.

먼저 단어 하나를 이용해 원하는 데이터를 선택하는 법을 살펴보겠습니다.

코드 10-8 특정 단어와 관계있는 데이터 선택하기

```
In[8]:
cur.execute("select * from hanbit_books where author = ?", ("윤웅식",))
print(cur.fetchone())

Out[8]:
('만들면서 배우는 Git+GitHub 입문', '윤웅식', '2015-08-10', '9788968482021')
```

역시 execute( )를 이용하면 됩니다. fetchone( )은 하나의 행(결과)을 표시하라는 명령입니다. 참고로 단어와 관계있는 모든 행을 표시하려면 fetchall( )을 사용하면 됩니다(여담으로 현재 필자는 한빛미디어에서 한 권의 책만 집필했으므로 fetchone( )을 하든 fetchall( )을 하든 결과는 크게 다르지 않습니다).

또한 튜플을 이용하는 방법도 있습니다. 이때는 튜플 리스트 안 모든 데이터를 가져옵니다.

코드 10-9 튜플을 이용한 데이터 선택하기

```
In[9]:
query_str = "select * from hanbit_books where author=:name"
params = {
    "name":"윤인성"
}

cur.execute(query_str, params)

Out[9]:
<sqlite3.Cursor at 0x110034570>
```

코드 구조는 [코드 10-4]와 크게 다르지 않습니다. SELECT 문을 사용하는 것뿐입니다.

이것저것 무언가 해보려면 작업하기 편하게 리스트로 만들어두는 게 편합니다. 따라서 cur. fetchall( )을 실행해서 결과를 가져와 저장합니다. 참고로 지정한 숫자만큼 데이터를 한꺼번에 가져오는 fetchmany(size=<숫자>)를 사용할 수도 있습니다.

SELECT 쿼리문의 실행 결과는 순회 가능합니다. 그 덕분에 바로 for 문에 넣어서 사용할 수 있지만, 한번 사용하고 나면 다시 꺼내올 수가 없습니다. 따라서 [코드 10-10]에서는 for 문에 결과를 쓰기 전에 list( )를 사용하여 결과를 리스트로 만들어주었습니다. 그리고 결과를 하나하나 가져와서 작업을 실행하게 했습니다. 예제 코드에서는 단순히 print( )를 이용하여 출력했지만 실제로는 각각의 결과 row를 가지고 필요한 작업을 하면 됩니다.

코드 10-10 SELECT 쿼리문 실행 결과로 작업

```
In[10]:
result = list(cur.fetchall())

for row in result:
    print(row)

Out[10]:
('모던 웹을 위한 JavaScript + jQuery 입문(개정판) : 자바스크립트에서 제이쿼리, 제이쿼리 모바일까지 한 권으로 끝낸다', '윤인성', '2013-09-03', '9788968480423')
('IT CookBook, HTML5 웹 프로그래밍 입문', '윤인성', '2013-07-25', '9788998756277')
('모던 웹을 위한 Node.js 프로그래밍(개정판) : 페이스북, 월마트, 링크드인이 선택한 자바스크립트 + 노드제이에스 서버 프로그래밍', '윤인성', '2013-09-03', '9788968480430')
```

```
('IT CookBook, C# 프로그래밍 : 프로그래밍 기초부터 객체 지향 핵심까지', '윤인성', '2015-12-01',
'9791156642046')
('모던 웹 디자인을 위한 HTML5+CSS3 입문, 개정판', '윤인성', '2015-01-19', '9788968481611')
('모던 웹을 위한 Node.js 프로그래밍 3판', '윤인성', '2016-07-01', '9788968482946')
```

실제 데이터베이스에서 [코드 10-9]의 SELECT 쿼리문을 실행한 결과와 비교해보면 제대로 가져온 것을 알 수 있습니다.

10.6 기존 데이터 갱신하기

데이터 갱신 역시 기본 개념은 같습니다. 값과 조건에 들어갈 파라미터를 지정해 쿼리문을 작성하고 execute( )로 실행하면 됩니다. 백문이 불여일견, 직접 해보겠습니다.

코드 10-11 데이터 갱신하기

```
In[11]:
query_str = "update hanbit_books set isbn =:isbn where author=:name"
params = {
    "isbn":9788968480033,
    "name":"윤웅식"
}

cur.execute(query_str, params)

Out[11]:
<sqlite3.Cursor at 0x110034570>
```

저자 이름이 '윤웅식'인 행의 ISBN 값을 9788968480033으로 수정하는 쿼리문입니다. SELECT 문을 이용해 결과를 확인하겠습니다.

코드 10-12 갱신한 데이터 확인하기

```
In[12]:
cur.execute("select * from hanbit_books where author = ?",("윤웅식",))
print(cur.fetchone())
```

```
Out[12]:
('만들면서 배우는 Git+GitHub 입문', '윤웅식', '2015-08-10', '9788968480033')
```

데이터를 정상적으로 갱신했습니다.

10.7 데이터 삭제하기

데이터 삭제는 데이터 선택과 크게 다르지 않습니다. 조건에 맞는 행을 삭제할 것인가, 가져올
것인가의 차이뿐이니까요. 그럼 간단한 예를 한번 살펴보겠습니다. 저자 이름이 '윤웅식'인 행
을 삭제합니다.

코드 10-13 데이터 삭제하기

```
In[13]:
cur.execute("delete from hanbit_books where author = ?",("윤웅식",))

Out[13]:
<sqlite3.Cursor at 0x110034570>
```

데이터를 삭제했으니 그걸 선택했을 때 값이 없어야 할 겁니다. SELECT 문을 이용해 결과를 확
인하겠습니다.

코드 10-14 데이터 삭제 결과 확인

```
In[14]:
cur.execute("select * from hanbit_books where author = ?",("윤웅식",))
print(cur.fetchone())

Out[14]:
None
```

또한 방금 살펴본 것은 특정 데이터를 삭제하는 방법이었습니다. 당연하겠지만 데이터베이스
의 테이블이나 데이터베이스 자체를 삭제할 수도 있을 겁니다. execute ( )와 DROP 문을 조합
하면 됩니다.

코드 10-15 테이블 삭제

```
In[15]:
# 테이블 삭제
cur.execute("drop table hanbit_books")

# 데이터베이스 연결 종료
con.close()
```

참고로 데이터베이스 자체를 삭제하는 DROP DATABASE 쿼리문은 없습니다. 그냥 해당 파일을 지우는 것으로 대체합니다.

이렇게 SQLite를 기준으로 파이썬에서 데이터베이스를 다루는 방법을 살펴봤습니다. 데이터 베이스 쿼리문의 기본을 안다면 사실 다음의 내용만 기억한다면 어려울 건 없습니다.

- 쿼리문을 실행하는 함수는 execute ( )다.
- 튜플 형태로 원하는 데이터를 선별할 수 있다.

데이터베이스 쿼리문에 익숙하지 않다면 위키백과의 SQL[3] 항목이나 『SQL 첫걸음』(한빛미디어, 2015)를 참고하기 바랍니다.

---

[3] https://ko.wikipedia.org/wiki/SQL

## CHAPTER 11

플라스크로 API 서버 만들기

플라스크^{Flask}는 1장에서 소개했듯이 웹 애플리케이션을 개발하는 데 필요한 마이크로 웹 프레임워크입니다. 플라스크를 이용해서 Hello World를 출력하는 웹 페이지를 만드는 건 설치와 실행 명령을 전부 포함해도 11행밖에 안 될 정도죠. 즉, 최소 설정만으로 바로 사용할 수 있습니다. 그래서 최소한의 코딩으로 웹 페이지를 빠르게 프로토타이핑하고 싶을 때 많이 이용하는 편입니다.

이 장에서는 플라스크를 이용하는 방법을 살펴보고 우리가 만들고 정제한 데이터를 제공하는 API 서버를 만들어보겠습니다.

11.1 설치와 Hello World 웹 페이지 실행하기

플라스크를 설치할 때는 다음 명령을 이용합니다. 만약 pip가 설치되어 있지 않다면 부록 A를 참고해 pip를 설치한 후 명령을 실행하면 됩니다.

```
$ pip install Flask
```

다음으로는 Hello World를 표시하는 웹 애플리케이션을 만들어보겠습니다. 사실 플라스크 개발 문서[1]에 있는 예제를 거의 그대로 응용한 것입니다. 앞서 말했던 것처럼 간단하다는 사실을 알 수 있습니다.

코드 11-1 Hello World! 웹 애플리케이션 만들기

```python
# 플라스크를 불러옵니다.
from flask import Flask

# 플라스크 앱을 생성합니다.
app = Flask(__name__)

# 편의를 위한 디버그 모드를 활성화합니다.
app.debug = True

# URL 경로에 따라 실행할 함수에 디코레이터를 사용합니다. 디코레이터의 파라미터는 URL 경로입니다.
@app.route("/")

# 앞 경로에 접근하면 실행할 함수입니다.
def hello():
    return "Hello World!"

# 이 파일을 바로 실행할 때 함께 실행할 코드를 적습니다.
if __name__ == "__main__":
    # 앞에서 생성한 플라스크 애플리케이션을 실행합니다.
    app.run()
```

디버그 모드를 활성화하는 이유는 코드를 수정할 때마다 바로바로 웹 애플리케이션에 반영하기 위해서입니다. 즉, 파이썬 프로그램을 종료했다 다시 실행할 필요 없이 파일만 수정하고 저장하면 됩니다.

또한 @으로 시작하는 코드는 파이썬 디코레이터입니다. 쉽게 말하면 어떤 함수를 파라미터로 전달받아서 실행하는 함수를 사용하겠다는 표시입니다. 더 자세한 내용은 'A guide to Python's function decorators[2]'나 '파이썬 디코레이터를 작성하는 법을 배워야 하는 5가지 이유[3]' 등을 참고하기 바랍니다.

---

1 http://flask-docs-kr.readthedocs.io/ko/latest/quickstart.html
2 https://www.thecodeship.com/patterns/guide-to-python-function-decorators/
3 http://www.hanbit.co.kr/media/channel/view.html?cms_code=CMS5689111564

그럼 앞 코드를 hello.py로 저장하고 실행해보겠습니다.

```
$ python hello.py
 * Running on http://127.0.0.1:5000/ (Press CTRL+C to quit)
 * Restarting with stat
 * Debugger is active!
 * Debugger pin code: 310-814-483
```

명령 바로 아래 메시지를 보면 http://127.0.0.1:5000/에 웹 애플리케이션을 실행했다고 나옵니다. 이 주소에 접속하면 [그림 11-1]과 같은 웹 페이지가 등장합니다.

그림 11-1 플라스크 Hello World!

이렇게 플라스크로 Hello World를 출력했습니다.

11.2 파라미터로 URL 경로와 쿼리 추가하기

앞 절에서 정해진 값을 반환하는 웹 페이지를 정말 간단하게 만들 수 있다는 걸 확인했습니다. 이제 파라미터를 이용해서 경로와 쿼리를 추가하고 약간의 문자열을 덧붙여 보여주는 웹 페이지를 만들어보겠습니다.

플라스크에서 URL 경로를 파라미터로 받으려면 <변수이름>을 사용하면 됩니다.

코드 11-2 경로 추가와 웹 페이지 수정

```
# <name> 자리에 오는 문자열은 name에 할당되어 함수로 전달합니다.
@app.route("/hello/<name>")
def hello_to(name):
    return "Hello, {}!".format(name)
```

이제 앞 함수를 hello.py에 저장하고 'http://127.0.0.1:5000/hello/⟨name⟩'에 접속합니다. /hello/ 뒤에는 넣고 싶은 문자열을 적으면 됩니다. 필자의 경우는 '미쿠'라는 한글 단어로 접속했습니다. 실행 결과는 [그림 11-2]와 같습니다.

그림 11-2 파라미터로 추가한 경로

다음은 '?key1=value1&key2=value2'와 같은 URL 쿼리를 파라미터로 추가해보겠습니다. 이때는 먼저 새로운 request 객체를 불러와야 합니다. 참고로 request 객체는 요청 데이터를 파싱해서 전역 객체로 데이터에 접근하게 해주는 역할을 합니다.

hello.py의 첫 부분에 [코드 11-3]을 추가합니다.

코드 11-3 새로운 request 객체 불러오기

```
from flask import request
```

그리고 다음 함수를 추가합니다. 앞에서 추가한 request 객체를 사용해 요청을 받았을 때 함께 추가되는 다양한 변수에 접근할 수 있습니다.

코드 11-4 요청 저장

```
@app.route("/hello")
def hello_to_get_param():
    # /hello?name=miku와 같은 형식의 요청을 받아서
    # ?name=<이름>의 값이 오면, <이름>을 name에 저장합니다.
    name = request.args.get("name")
    return "Hello, {}!".format(name)
```

이를 이용해 쿼리가 만들어집니다. 이제 'http://127.0.0.1:5000/hello?name=⟨name⟩'에 접속해봅시다. 필자의 경우 'miku'라는 이름으로 접속했습니다.

그림 11-3 쿼리 요청

이렇게 URL의 경로와 쿼리를 파라미터로 추가하는 방법을 살펴봤습니다. 이걸로 우리가 수집한 데이터를 제공할 수 있는 수단은 모두 배운 셈입니다. 본격적으로 API 서버를 만들어보겠습니다.

11.3 API 서버 만들기

API는 'Application Program Interface'의 약자입니다. 매우 포괄적인 개념이지만 간단히 이야기하자면 서로 다른 프로그램 사이에 통신할 수 있는 약속이라고 생각하면 됩니다. 좀 더 구체적으로 말하자면 입력에 따른 출력이 정해진, 서로 다른 플랫폼/프로그램/기기 사이의 약속입니다. 따라서 잘 정의된 API를 이용하면 개발 과정이 매우 편합니다.

그리고 최근 이름 좀 들어봤다 하는 웹 서비스들은 해당 서비스를 이용한 별도의 애플리케이션 개발을 지원하는 API를 제공합니다. 이를 'API 서버'라고 합니다. 유명한 API 서버로는 인스타그램 API[4]나, 페이스북의 그래프 API[5] 등이 있습니다.

이 절에서는 앞서 9장에서 크롤링하고 10장에서 데이터베이스에 저장한 데이터를 이용해 한빛 미디어가 발간한 책을 조회하는 API를 만들 것입니다. 파일 이름은 hanbit.py입니다.

11.3.1 데이터베이스와 연결하기

먼저 데이터베이스와 연결하는 함수부터 만들어보겠습니다.

---

4 https://www.instagram.com/developer/
5 https://developers.facebook.com/docs/graph-api

코드 11-5 데이터베이스 연결

```python
def get_db_con() -> sqlite3.connect:
    return sqlite3.connect("db.sqlite")
```

참고로 데이터베이스 연결을 설정하는 코드를 매번 호출하는 건 정말 귀찮은 일입니다. 플라스크에서는 애플리케이션이나 요청 컨텍스트에서 변수들을 관리하는 방법 몇 가지를 제공합니다. 실제 서비스에 쓸만하게 만들고 싶다면 'Step 4: Database Connections[6]'를 읽어보세요.

11.3.2 모든 데이터 내려받기

먼저 데이터를 모두 내려받겠습니다. hello() 함수를 [코드 11-6]과 같이 만듭니다.

코드 11-6 모든 데이터 내려받기

```python
# URL 경로에 따라 실행할 함수에 디코레이터를 사용합니다. 디코레이터의 파라미터는 URL 경로입니다.
@app.route("/")

# 모든 데이터를 내려받기 위한 hello() 함수를 정의합니다.
def hello():
    # con이라는 변수를 생성해 데이터베이스에 연결합니다.
    with get_db_con() as con:
        cur = con.cursor()

        # hanbit_books 데이터베이스의 모든 데이터를 선택합니다.
        q = "select * from hanbit_books"
        result = cur.execute(q)

    # 결과를 JSON 문자열로 만들어줍니다.
    result_json = jsonize(result)

    # 결과를 돌려줍니다.
    return result_json
```

API 서버의 루트에 접속하면 JSON으로 모든 책 정보를 다운로드할 수 있습니다. 이제 파라미터를 이용해 조건으로 검색할 수 있게 만들면 되겠죠?

---

6 http://flask.pocoo.org/docs/0.12/tutorial/dbcon/

11.3.3 조건에 따라 데이터 가져오기

이제 어떤 조건으로 데이터를 가져올지 생각해봅시다. 여기서는 저자 이름, 출간월을 가져올 것입니다. 간략하게 URL을 구성해보면 다음과 같습니다.

- books/by/author?name=⟨name⟩
- books/by/month?month=⟨month⟩

그럼 해당 주소로 데이터를 받는 함수를 만들어보겠습니다.

코드 11-7 데이터 받을 주소 설정하기

```
@app.route("/books/by/author")
def get_books_by_author():
    pass


@app.route("/books/by/month")
def get_books_by_month():
    pass
```

함수 정의 아래 pass라는 코드가 있습니다. 아무 일도 하지 않도록 설정하는 것으로 참과 거짓에 따라 실행 내용이 달라지는 조건문 작성이나 프로토타이핑할 때 뼈대 세우기에 사용하면 좋습니다.

그럼 두 주소 각각 데이터베이스 연결을 얻고, 데이터를 가져오는 쿼리를 만들고, JSON 형식으로 만들겠습니다. [코드 11-7]에서 pass를 지우고 작성합니다.

코드 11-8 데이터를 가져올 쿼리 설정하기

```
# 저자 이름 요청을 받을 URL을 정해줍니다.
@app.route("/books/by/author")

# 해당 URL을 받아서 저자 이름을 가져올 함수를 선언합니다.
def get_books_by_author():
    # 파라미터에서 name을 받아옵니다.
    name = request.args.get("name")

    # 데이터베이스 연결을 가져와서 작업합니다.
    # 작업이 끝나면 자동으로 with가 close를 호출합니다.
```

```python
    with get_db_con() as con:
        # 커서를 가져옵니다.
        cur = con.cursor()

        # 쿼리를 작성합니다. hanbit_books 테이블에서 author 열이
        # name과 일치하는 걸 찾아옵니다.
        q = "SELECT * FROM hanbit_books WHERE author LIKE :name ORDER BY title"
        param = {
            "name": "%" + name + "%"
        }

        result = cur.execute(q, param)

    # 결과를 JSON 문자열로 만들어줍니다.
    result_json = jsonize(result)

    # 결과를 돌려줍니다.
    return result_json

# 출간월 요청을 받을 URL을 정해줍니다.
@app.route("/books/by/month")

# 해당 URL을 받아서 출간월을 가져올 함수를 선언합니다.
def get_books_by_month():
    # 파라미터에서 month를 받아옵니다.
    month = request.args.get("month")

    # 숫자가 한 자리일 경우 앞에 "0"을 붙여줍니다.
    if int(month) < 10:
        month = "0" + month

    with get_db_con() as con:
        cur = con.cursor()

        # 쿼리를 작성합니다. hanbit_books 테이블에서 pub_date 열의
        # 월 부분이 month와 일치하는 걸 찾아옵니다.
        q = "SELECT * FROM hanbit_books WHERE strftime('%m', pub_date) = :month
            ORDER BY pub_date DESC"
        param = {
            "month": month
        }

        result = cur.execute(q, param)
```

```
        result_json = jsonize(result)

        return result_json

# 데이터베이스 커서의 result를 전달받아서 JSON 문자열로 만드는 함수입니다.
def jsonize(result):
    result_json = json.dumps(list(result.fetchall())),
        ensure_ascii=False).encode("utf-8")
    return result_json
```

JSON 형식으로 만드는 마지막 함수에는 파이썬 객체를 문자열로 변환하는 json.dumps( )를
사용해서 가져온 데이터를 문자열로 만들어주었습니다. 이를 제외하면 10장과 지금까지 살펴
본 내용으로 충분히 이해할 수 있는 코드입니다.

11.3.4 최종 코드

이제 코드를 한군데로 모아서 최종 코드로 살펴보겠습니다. 주로 지금까지 살펴본 코드를 어떤
위치에서 작성해 조합해야 하는지 눈여겨보기 바랍니다. 10장과 지금까지의 과정을 잘 살펴보
았다면 어려운 내용은 아닐 것입니다.

코드 11-9 hanbit.py 최종 코드

```
# -*- coding: utf-8 -*-
# 플라스크를 불러옵니다.
from flask import Flask

# 플라스크에서 request 객체를 사용하도록 불러옵니다.
from flask import request

# JSON 라이브러리를 불러옵니다.
import json

# SQLite3 라이브러리를 불러옵니다.
import sqlite3

# 플라스크 앱을 생성합니다.
app = Flask(__name__)
```

```python
# 편의를 위한 디버그 모드를 활성화합니다.
app.debug = True

# 데이터베이스에 연결하는 함수를 정의합니다.
def get_db_con() -> sqlite3.connect:
    return sqlite3.connect("db.sqlite")

# URL 경로에 따라 실행할 함수에 디코레이터를 사용합니다. 디코레이터의 파라미터는 URL 경로입니다.
@app.route("/")

# 모든 데이터를 내려받기 위한 hello() 함수를 정의합니다.
def hello():
    # con이라는 변수를 생성해 데이터베이스에 연결합니다.
    with get_db_con() as con:
        # 커서를 가져옵니다.
        cur = con.cursor()

        # hanbit_books 데이터베이스의 모든 데이터를 선택합니다.
        q = "select * from hanbit_books"
        result = cur.execute(q)

        # 결과를 JSON 문자열로 만들어줍니다.
        result_json = jsonize(result)

        # 결과를 돌려줍니다.
        return result_json

# 저자 이름 요청을 받을 URL을 정해줍니다.
@app.route("/books/by/author")

# 해당 URL을 받아서 저자 이름을 가져올 함수를 선언합니다.
def get_books_by_author():
    # 파라미터에서 name을 받아옵니다.
    name = request.args.get("name")

    # 데이터베이스 연결을 가져와서 작업합니다.
    # 작업이 끝나면 자동으로 with가 close를 호출합니다.
    with get_db_con() as con:
        cur = con.cursor()

        # 쿼리를 작성합니다. hanbit_books 테이블에서 author 열이
        # name과 일치하는 걸 찾아옵니다.
        q = "SELECT * FROM hanbit_books WHERE author LIKE :name ORDER BY title"
        param = {
```

```python
                "name": "%" + name + "%"
            }

        result = cur.execute(q, param)

    result_json = jsonize(result)

    return result_json


# 출간월 요청을 받을 URL을 정해줍니다.
@app.route("/books/by/month")

# 해당 URL을 받아서 출간월을 가져올 함수를 선언합니다.
def get_books_by_month():
    # 파라미터에서 month를 받아옵니다.
    month = request.args.get("month")

    # 숫자가 한 자리일 경우 앞에 "0"을 붙여줍니다.
    if int(month) < 10:
        month = "0" + month

    with get_db_con() as con:
        cur = con.cursor()

        # 쿼리를 작성합니다. hanbit_books 테이블에서 pub_date 열의
        # 월 부분이 month와 일치하는 걸 찾아옵니다.
        q = "SELECT * FROM hanbit_books WHERE strftime('%m', pub_date) = :month
            ORDER BY pub_date DESC"
        param = {
            "month": month
        }

        result = cur.execute(q, param)

    result_json = jsonize(result)

    return result_json


# 데이터베이스 커서의 result를 전달받아서 JSON 문자열로 만드는 함수입니다.
def jsonize(result):
    result_json = json.dumps(list(result.fetchall()),
        ensure_ascii=False).encode("utf-8")
    return result_json
```

```python
# 이 파일을 바로 실행할 때 함께 실행할 코드를 적습니다.
if __name__ == "__main__":
    # 앞에서 생성한 플라스크 애플리케이션을 실행합니다.
    app.run()
```

이렇게 데이터베이스의 정보를 조회할 수 있는 API 서버를 만들어보았습니다. python hanbit.py를 실행한 후 http://127.0.0.1:5000/books/by/author?name=⟨name⟩ 혹은 http://127.0.0.1:5000/books/by/month?month=⟨month⟩의 형식으로 접속해보면 데이터를 확인할 수 있습니다.

그림 11-4 최종 데이터 확인

이제 남은 건 해당 URL을 이용해서 원하는 데이터를 필요한 곳에 사용하는 일뿐입니다.

플라스크는 이외에도 웹 애플리케이션을 만들 수 있는 다양한 기능을 제공합니다. 플라스크를 좀 더 자세히 알고 싶다면 플라스크 개발 문서[7]나 『플라스크 기반의 파이썬 웹 프로그래밍』(제이펍, 2016)을 참고하기 바랍니다.

---

[7] 2017년 10월 기준 최신 문서는 http://flask.readthedocs.io/en/latest/입니다. 한글화 문서를 보고 싶다면 http://flask-docs-kr. readthedocs.io/ko/latest/을 참고하기 바랍니다.

## CHAPTER 12

슬랙 봇 만들기

최근 어느 정도 규모가 있고, IT 트렌드에 민감한 조직이라면 사내 커뮤니케이션 도구로 슬랙slack[1]을 사용하는 경우가 많아졌습니다. 굳이 비즈니스 목적이 아니더라도 별도의 웹 페이지 없이 슬랙 중심으로 커뮤니티를 이루는 경우도 종종 볼 수 있게 되었죠. 비즈니스 조직이라면 정기 보고를 원하기 마련입니다. 하지만 매번 담당자가 개발 부서에 데이터베이스의 데이터를 추출하고 정제할 것을 요청해서 이메일이나 슬랙으로 보내는 건 정말 번거롭고 비효율적인 일이죠. 그런 루틴한 작업이라면 봇을 이용해서 자동화할 수 있을 가능성이 보이기도 합니다.

이 장에서는 루틴한 작업들을 자동화해주는 슬랙 봇을 만들어보겠습니다.

12.1 봇이 뭐죠?

봇bot은 보통 'robot'의 축약어로 사용하는 단어입니다. 사람이 하는 반복적인 작업을 자동화하는 소프트웨어를 일컫습니다. 익숙하게는 FPS나 AOS 장르 게임에서의 인공지능도 봇이라고 하며, 간단한 채팅에 반응하거나 명령에 반응해서 정해진 작업을 하는 소프트웨어도 봇이라고 합니다. 특히 사람과 상호작용하는 것을 봇이라고 하는 경향이 있습니다. 단순한 스크립트가 아니라 채팅 등의 환경에서 반응하고, 그 결과를 다시 채팅 형식으로 알려주는 것입니다.

---

1 슬랙에 관해서는 https://slack.com/을 참고하세요.

예를 들어 봇이 어떤 배포 작업을 대신해준다면 'deploy bot', 빌드 작업을 대신해준다면 'build bot', 그 외 이미지를 찾는다거나 리마인더를 만드는 경우도 있습니다.

슬랙에서 봇은 '봇 유저Bot User'라고도 합니다. 다음과 같이 설명합니다.

- 프로필 사진, 이름 등이 있습니다.
- 작업 디렉터리에 존재하며 직접 메시지를 보내거나 메시지를 게시하고 파일을 업로드할 수 있습니다.
- 슬랙의 API에 접근하는 봇 유저 토큰을 이용한 프로그램 코드로 봇을 제어합니다.
- 일반 사용자가 이용할 수 있는 모든 API 메서드의 하위 세트에만 접근할 수 있습니다.

그림 12-1 슬랙 API에서 설명하는 봇

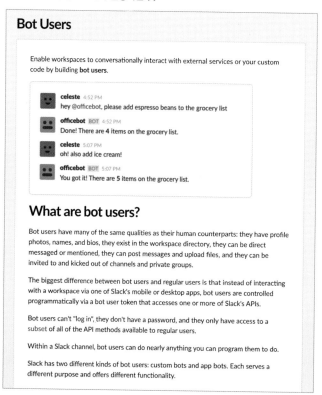

슬랙에는 기본으로 내장된 slackbot으로 봇 유저에게 필요한 몇 가지 기능을 제공합니다.

12.2 제작 과정 알아보기

그럼 간단하게 봇 제작 과정을 소개하겠습니다. 슬랙에서 만들 수 있는 봇은 크게 두 가지 종류가 있습니다.

- Bots
- Incoming Webhooks bots

첫 번째 'Bots'를 이용하면 상호작용하는 봇을 만들 수 있고, 두 번째 'Incoming Webhooks bots'를 이용하면 정기적으로 데이터를 보내는 봇을 만들 수 있습니다.

제작 과정은 다음과 같습니다.

1 API 토큰/Webhook URL 얻기.
2 해당 토큰/URL을 이용해서 메시지 보내기.
3 (Bots의 경우) 리액션 설정하기.
4 봇을 계속 실행해두기.

그럼 본격적으로 봇 만들기를 시작해보겠습니다.

12.3 상호작용하는 주사위 봇 만들기

이 절에서 만들어볼 건 상호작용하는 주사위 봇입니다. 굴리는 주사위의 모양을 사용자가 지정해서 1d6, 39d39, AdX 형식으로 주사위를 굴릴 것입니다.

> **NOTE_ AdX 형식**
>
> AdX는 주사위 굴림을 표현하는 방식입니다. A개의 X면체 주사위를 굴리라는 뜻이죠. 앞에서 예를 든 1d6의 경우, 1개의 6면체 주사위를 굴리라는 뜻입니다. 2d100이라 한다면, 2개의 100면체를 굴리라는 뜻이 되겠죠. 더 자세한 설명은 위키백과의 'Dice notation[2]'을 참고하기 바랍니다.

----

2 https://en.wikipedia.org/wiki/Dice_notation

12.3.1 슬랙 봇 API 토큰 얻기

먼저 슬랙 봇을 만들기 위한 준비물을 챙겨야 합니다. 슬랙에서 봇 API 토큰을 가져오는 방법을 알아보겠습니다.

https://slack.com/downloads/에서 본인의 계정에 맞는 슬랙 애플리케이션을 다운로드합니다. 그리고 실습으로 봇을 만드는 것이므로 다른 사람에게 피해를 주지 않도록 본인만 가입되어 있는 슬랙 워크스페이스를 하나 생성합니다. 생성하는 과정은 어렵지 않으므로 따로 설명하지 않겠습니다. 이메일 주소만 있으면 생성할 수 있습니다.

워크스페이스 생성이 끝났다면 워크스페이스 왼쪽 위 계정 선택 부분의 메뉴에서 [Manage apps] 항목을 선택합니다.

그림 12-2 Manage apps 선택

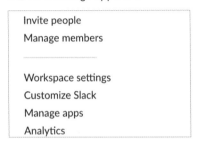

https://워크스페이스이름.slack.com/apps/manage이라는 웹 페이지가 열립니다. 'Search App Directory'라는 글자가 적힌 검색 창에 Bots를 입력하고 'Bots'를 선택합니다.

그림 12-3 'Bots' 선택

'Bots' 페이지가 열리면 왼쪽에 있는 [Add Configuration]이라는 녹색 버튼을 클릭합니다.

그림 12-4 Add Configuration 선택

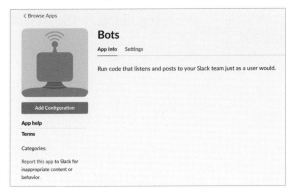

이제 봇의 이름을 정할 차례입니다. 나중에 수정할 수 있지만 이름인 만큼 신중하게 지어줍시다. 필자는 주사위를 굴려줄 봇을 만들 것이므로 정직하게 'dice_bot'이라고 지었습니다. 이름을 지었다면 [Add bot integration]을 눌러줍니다.

그림 12-5 봇 이름 짓기

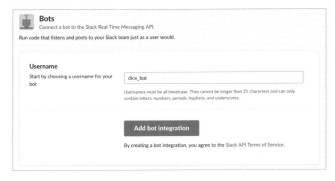

그럼 [그림 12-6]과 같은 API 토큰을 얻을 수 있습니다. 봇을 만드는데 이를 사용할 겁니다. 우선 토큰 코드를 저장해둡니다.

그림 12-6 API 토큰 얻기

아직 봇을 채널에 초대하지 않았으므로 [그림 12-7]의 [Channels] 항목은 'dice_bot is in no channels'라는 메시지를 표시합니다. 메시지를 확인했다면 일단 해당 웹 페이지 아래에 있는 [Save Integration]을 눌러서 설정을 저장합니다.

그림 12-7 설정 저장

12.3.2 slackbot 패키지 설치

이제 본격적인 코드 작성입니다. 평소처럼 venv를 이용해 가상 환경을 설정하고 활성화시킵니다(물론 가상 환경을 설정하지 않아도 괜찮습니다). 그리고 다음 명령을 실행합니다.

```
$ pip install slackbot
```

앞 명령으로 slackbot 패키지 설치는 끝났습니다. 패키지 관리자에게 만세를 외치고 싶을 정도입니다.

TIP slackbot 패키지에 관한 정보는 'A chat bot for Slack[3]'을 참고하면 됩니다. 간단한 예제도 확인할 수 있습니다.

12.3.3 파일 만들기

slackbot 패키지는 Bot( )을 실행 중인 스크립트를 불러온 경로에서 slackbot_settings.py 안 설정에 있는 플러그인을 읽어 들여 실행합니다. 따라서 몇 가지 파일을 만들어야 합니다.

----

3 https://github.com/lins05/slackbot

설치해야 할 파일을 tree 명령 실행 결과 형식으로 나타내면 다음과 같습니다(tree 명령이 무엇인지 잘 모른다면 부록 A.2.1을 참고하세요).

```
.
├── dice_bot.py
├── run.py
└── slackbot_settings.py
```

파일 각각을 설명하면 다음과 같습니다.

- **dice_bot.py**: 봇이 반응하는 코드가 있습니다. 앞서 Flask에서 보았던 것처럼 디코레이터를 사용합니다.
- **run.py**: 실행할 내용이 들어가 있는 파일입니다.
- **slackbot_setting.py**: 봇을 실행하는 데 필요한 설정이 들어가 있는 파일입니다.

먼저 실행 파일인 run.py부터 살펴보겠습니다. 여기서 한번 만든 후에는 바뀌지 않을 겁니다.

코드 12-1 run.py

```python
# slackbot 패키지의 Bot 클래스를 불러옵니다.
from slackbot.bot import Bot

# Bot 클래스 객체를 생성하고 실행합니다.
def main():
    bot = Bot()
    bot.run()

# 이 스크립트에서 실행할 것을 작성합니다. 앞에서 만든 main()을 실행하게 했습니다.
if __name__ == "__main__":
    main()
```

다음은 설정 파일인 slackbot_settings.py입니다. 이 파일도 마찬가지로 한번 생성한 후에는 봇을 새로 추가하는 일이 아니라면 바꿀 일이 거의 없습니다.

코드 12-2 slackbot_settings.py

```python
# 아까 슬랙 앱 페이지에서 얻은 토큰을 여기에 넣습니다.
API_TOKEN = "<API Token>"

# 실제로 작성한 코드는 dice_bot.py 모듈에 있습니다. 그러니 dice_bot 모듈을 넣어줍니다.
```

```
# 모듈/패키지 모두 넣을 수 있습니다. 패키지라면 하위 모듈을 모두 가져옵니다.
PLUGINS = [
    'dice_bot'
]
```

12.3.4 주사위 기능 설정하기

여기서부터는 dice_bot.py 파일의 내용을 넣는 부분입니다. 먼저 'hello'를 적으면 'World!!'
로 대답하는 간단한 봇을 만들어보겠습니다.

코드 12-3 간단한 대답을 하는 봇 만들기

```python
# bot이 반응할 수 있게 하는 디코레이터 함수들을 불러옵니다.
from slackbot.bot import respond_to
from slackbot.bot import listen_to
from slackbot.dispatcher import Message

# 무엇에 반응할지 잡아줄 수 있는 re(정규 표현식) 패키지를 불러옵니다.
import re

# listen_to는 채널에서 오가는 모든 대화에 반응합니다.
# 디코레이터 함수의 첫 번째 파라미터는 정규 표현식이고 두 번째 파라미터는 플래그입니다.
@listen_to("Hello", re.IGNORECASE)

# 첫 번째 파라미터는 디스패처의 메시지 클래스입니다.
# 반응해야 할 채널에 메시지를 보내는 함수 등이 있습니다.
# 여기 없는 두 번째 이후의 파라미터는 앞 정규 표현식에 그룹이 있으면 매칭된 문자열이 들어갑니다.
# 개수는 상한이 없습니다. 그룹 숫자에 따라 파라미터를 더 늘리면 됩니다.
def hello(msg: Message):
    # send는 채널에 그냥 말합니다.
    msg.send("World!!")

# respond_to는 @을 이용해서 멘션했을 경우에만 반응합니다. 나머지는 listen_to의 역할과 같습니다.
@respond_to("hi", re.IGNORECASE)
def hi(msg: Message):
    # reply는 해당 반응을 일으킨 사람에게 말합니다.
    # listen_to든 respond_to든 말을 건 사람에게 대답합니다.
    msg.reply("Thank you 39!!")
```

이제 [코드 12-3]을 저장하고 python run.py 명령을 실행합니다. 슬랙 앱에 dice_bot이 등
장하는 것을 확인할 수 있습니다.

그림 12-8 dice_bot 등장과 활성화

이제 여러분이 원하는 채널을 선택(채널 하나를 만들어도 됩니다)한 후 @dice_bot을 입력합니다. 메시지 중 'invite them to join'을 선택해서 dice_bot을 채팅방에 초대합니다.

그림 12-9 dice_bot 초대

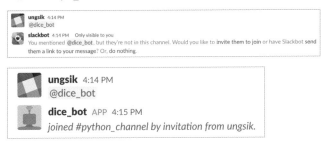

이제 'hello'라고 입력하면 봇이 대답합니다!

그림 12-10 hello 입력과 대답

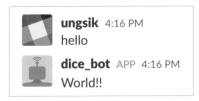

respond_to를 이용한 대답을 받으려면 '@dice_bot hi'라고 멘션을 이용해서 메시지를 보냅니다. 미리 설정했던 "Thank you 39!!"라는 메시지를 받을 수 있습니다.

그림 12-11 멘션 + hi 메시지 입력

이제 봇에게 대답하는 법을 가르쳤습니다. 이제 주사위를 던질 수 있게 변경해보겠습니다.

코드 12-4 주사위를 던지는 봇 만들기

```python
# 무작위 숫자를 생성하기 위한 random 모듈을 불러옵니다.
import random

from slackbot.bot import respond_to
from slackbot.bot import listen_to
from slackbot.dispatcher import Message
import re

# 'roll 던지는횟수d숫자면체' 형식으로 메시지를 입력하는 hello() 함수를 정의합니다.
@listen_to("roll (\d*)d(\d+)", re.IGNORECASE)

# 메시지, 주사위를 던지는 횟수, 주사위의 면체를 지정하는 파라미터를 넣어줍니다.
def hello(msg: Message, number_of_die: str, side_of_die: str):

    # 에러 처리를 한다면 여기서 해주면 됩니다.

    # 앞에서 'roll 던지는횟수d숫자면체'를 전달받아서 던지는 횟수를 number_of_die에 저장하고,
    # 주사위 면의 수를 side_of_die에 저장합니다.
    # random.randrange(1, int(side_of_die), 1)는 주사위 1개를 굴리는 코드입니다.
    # 1부터 side_of_die 사이의 정수를 하나 고릅니다
    # range(int(number_of_die))는 number_of_die까지만큼 for 문을 실행합니다.
    # 최종적으로는 'roll 10d6'을 실행하면 6면체를 10번 굴린다는 뜻이므로
    # 1~6 사이의 숫자 10개를 출력합니다.
    roll_result = [random.randrange(1, int(side_of_die), 1)
        for i in range(int(number_of_die))]

    # 주사위를 던진 횟수만큼 나온 숫자를 모두 더합니다.
    roll_sum = sum(roll_result)

    # 주사위를 던져서 나온 숫자와 합을 메시지로 출력합니다.
    msg.send(str(roll_result))
    msg.send(str(roll_sum))
```

[코드 12-4]를 이용하면 [그림 12-12]처럼 주사위를 던져 결과를 볼 수 있습니다. 여기서 중요한 건 다면체 주사위를 설정해서 원하는 횟수만큼 던질 수 있다는 점입니다.

그림 12-12 주사위를 던진 결과

이것으로 주사위 봇을 만들어보았습니다.

> **NOTE_ 주사위 봇의 에러 처리**
>
> [코드 12-4]의 주사위 봇은 실행할 수 없는 상황이 몇몇 있습니다. 주사위 면의 개수가 0, 1이면 랜덤하게 값을 뽑아낼 수 없다거나, 주사위 0개를 던지는 시도를 하는 등입니다. 이런 경우 주사위를 던질 때 사용자에게 재밌는 에러 메시지를 보내주는 것도 괜찮을 것입니다.
>
> 에러 메시지는 다음 코드를 삽입하면 됩니다.
>
> ```
> if number_of_die <= 0:
>     Return "some error message"
>
> if side_of_die <= 1:
>     Return "some error message"
> ```

12.4 정기적인 작업을 실행하는 봇 만들기

정기적으로 어떤 작업을 실행해야 할 때 어떻게 슬랙 봇을 만드는지 알아보겠습니다.

정기적인 작업에는 서버 상태를 모니터링거나, 특정 작업을 실행시켜 놓고 일정 시간/수 간격으로 처리 결과를 보고 받고 싶을 때 등입니다. 이럴 때는 지금 만드는 봇이 더 유용합니다. 예를 들어 서버에서 일방적으로 특정 채널에 메시지를 보내는 것이죠.

사실 실제 봇은 아니며 웹훅webhook을 이용한 브로드캐스팅에 더 가깝습니다. 하지만 봇을 이용하므로 여기서 다뤄보겠습니다.

12.4.1 API 토큰 얻기

이번에는 새로운 봇을 만들게 되므로 12.3.1의 경우와 마찬가지로 슬랙에 메시지를 보내는 봇이 사용할 API 토큰을 얻어야 합니다. 우리가 만들 것은 웹훅을 이용한 메시징이므로 토큰 형태가 아니라 URL이 될 것입니다. 이때 사용하는 슬랙 앱은 'Incomming WebHooks'입니다.

12.3.1의 [그림 12-2]와 [그림 12-3]을 참고해 'Incoming WebHooks'를 찾아 선택합니다. 해당 앱을 찾으면 아까와 마찬가지로 커다란 녹색 버튼인 [Add Configuration]을 누릅니다.

그림 12-13 Incoming WebHooks 선택

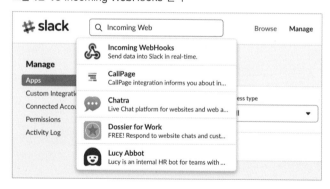

그림 12-14 [Add Configuration] 선택

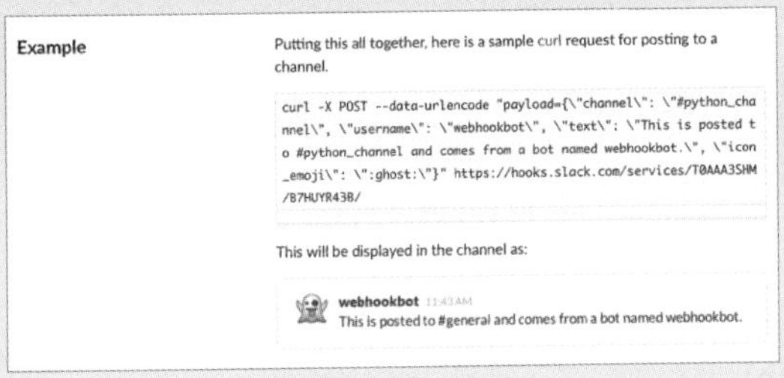

이제 [Post to Channel] 항목 오른쪽의 드롭다운 메뉴를 눌러 어떤 채널에 메시지를 보낼 것인지 정합니다. 그리고 [Add Incoming WebHooks integration]을 누릅니다.

그림 12-16 메시지를 보낼 채널 설정

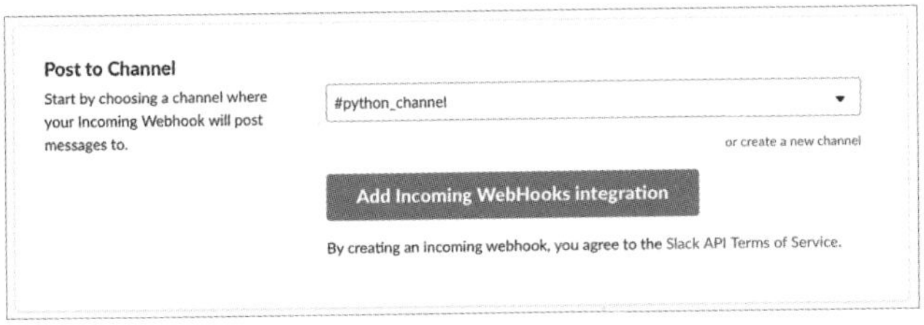

Post to Channel

Start by choosing a channel where your Incoming Webhook will post messages to.

#python_channel ▼

or create a new channel

Add Incoming WebHooks integration

By creating an incoming webhook, you agree to the Slack API Terms of Service.

우리가 사용할 웹훅 URL이 생성됩니다. 이 URL을 복사해둡니다.

그림 12-17 웹훅 URL 생성

Webhook URL	https://hooks.slack.com/services/ 3SPxukcENh

12.4.2 터미널에서 메시지 보내기

터미널에서 메시지를 보낼 때는 [그림 12-17]에서 복사해두었던 웹훅 주소에 POST로 요청을 보내고, 데이터는 정해진 형태의 JSON 문자열을 보내면 됩니다.

간단하게 메시지만 보내려는 경우는 다음과 같은 명령을 실행합니다.

```
$ curl -X POST -d 'payload={"text": "테스트 메시지를 보냅니다."}' <웹훅 URL 입력>
```

앞 명령을 터미널에서 실행하면 [그림 12-18]과 같은 메시지가 슬랙 채널에 나타납니다.

그림 12-18 테스트 메시지 보내기

incoming-webhook APP 5:25 PM
테스트 메시지를 보냅니다.

사실 여기까지만 해도 셸 스크립트로 원하는 작업을 할 수 있을 겁니다. 하지만 이 책은 파이썬을 다루니 파이썬으로 해볼 것입니다.

12.4.3 작업을 파이썬 파일로 만들기

지금부터는 인터넷 자원에 접근할 수 있는 새 패키지인 requests를 사용할 겁니다. 원래 파이썬에서 인터넷 자원에 접근할 수 있는 패키지로는 urllib가 있습니다. 파이썬에 기본 내장되어 있기도 합니다. 하지만 urllib 패키지는 간단한 처리도 상당한 양의 코딩을 해야 하므로 사용하기가 번거롭습니다. 그래서 최근에는 urllib 패키지 대신에 requests 패키지를 많이 사용하는 추세입니다.

이 패키지는 slackbot 패키지를 설치했을 때 함께 설치되므로 12.3.2에서 slackbot 패키지를 설치했다면 따로 설치할 필요가 없습니다. 만약 이 부분을 먼저 살펴보는 상황에서 requests 패키지를 사용하고 싶다면 다음 명령을 실행해 requests 패키지를 설치합니다.

```
$ pip install requests
```

이제 12.4.2의 POST 요청을 변환한 파이썬 파일을 하나 만들어야 합니다. 필자의 경우 slack_timer_bot.py라는 파일을 만들었습니다. 내용은 다음과 같습니다.

코드 12-5 POST 요청을 보내는 파이썬 파일

```python
# requests 패키지를 불러옵니다.
import requests

# 날짜와 시간을 다루는 datetime 패키지를 불러옵니다.
import datetime

def main():
    url = "<웹훅 URL 입력>"

    # 보낼 메시지를 설정합니다. 여기서는 datetime.datetime.now()를 이용해 시간을 표시합니다.
    text = "테스트 메시지입니다: " + str(datetime.datetime.now())

    # 보낼 메시지의 JSON 문자열 형태를 설정합니다.
    payload = {
        "text": text
    }

    # POST로 요청을 보냅니다.
    requests.post(url, json=payload)

# 이 스크립트에서 실행할 것을 작성합니다. 앞에서 만든 main()을 실행하게 했습니다.
if __name__ == "__main__":
    main()
```

이 파이썬 파일을 이용해서 데이터베이스에 접근하거나, 주기적으로 크롤링한 결과를 보내거나, 여러 가지 작업을 한 후 슬랙으로 자동 보고하게 할 수 있습니다.

12.4.4 파이썬 파일을 실행하는 셸 스크립트 만들기

파이썬 파일을 실행하는 셸 스크립트를 만들어줍니다. 파일 이름은 run.sh입니다.

```bash
#!/bin/bash

# crontab의 경우 실행되는 PATH가 다릅니다.
# 따라서 사용자의 PATH 변수로 크론을 실행할 경로를 설정해줍니다.
PATH=/usr/local/bin:/usr/bin:/bin:/usr/sbin:/sbin

# 가상 환경을 설정했다면 가상 환경을 활성화하는 셸 스크립트도 들어가야 합니다.
source <absolute-path-to-venv>/bin/activate
python3 <absolute-path-to-script>/slack_timer_bot.py
```

관리의 편의성이라던가, 다른 파이썬 파일을 실행하는 상황이나, 변경이나 로그 기록 등을 고려해 가상 환경별로 실행 스크립트를 구분해 다른 작업과의 연결을 느슨하게 하면 좋습니다.

TIP 12.4.4와 이어지는 12.4.5의 내용은 우분투와 윈도우에서만 실행할 수 있는 내용입니다. 윈도우에서는 배치 파일을 만들고 작업 스케줄러에서 배치 파일을 실행하게 해야 합니다. 작업 스케줄러를 설정하는 방법은 '작업 스케줄러 사용법[4]'을 참고하기 바랍니다.

12.4.5 crontab을 이용해 스크립트를 주기적으로 실행하기

마지막으로 이 셸 스크립트를 cron에 등록하면 끝납니다. 이때는 crontab 명령어를 사용합니다. 우선 다음 명령을 실행합니다.

```
$ crontab -e
```

-e는 crontab을 이용해 수정한다는 명령입니다. 이제 편집기에서 다음 명령을 입력하고 [Esc]를 누른 후 [:wq]를 입력해 저장합니다.

```
* * * * * /bin/bash <absolute-path-to-script>/run.sh
```

이제 cron에서 run.sh를 실행할 것입니다. 1분마다 '테스트 메시지입니다'를 출력합니다.

----

4 https://technet.microsoft.com/ko-kr/library/cc766428(v=ws.11).aspx

그림 12-19 정기적으로 메시지 출력

 incoming-webhook `APP` 7:41 PM
테스트 메시지입니다: 2017-10-15 19:41:01.181051
테스트 메시지입니다: 2017-10-15 19:42:00.501716
테스트 메시지입니다: 2017-10-15 19:43:00.669105
테스트 메시지입니다: 2017-10-15 19:44:00.753484

이제 파이썬 파일을 마음껏 수정해 원하는 시간에 원하는 작업을 실행하게 하면 됩니다.

NOTE_ crontab 애스터리스크 각각의 의미

앞서 살펴본 crontab에서 '* * * * *' 형식의 다섯 개 애스터리스크를 볼 수 있었습니다. 이는 시간과 관련된 의미를 두는 것으로 각 애스터리스크가 의미하는 것은 다음과 같습니다.

- 첫 번째: 요일을 의미합니다. 0~6으로 표기하며 0이 월요일입니다.
- 두 번째: 월을 의미합니다. 1~12로 표기합니다.
- 세 번째: 일을 의미합니다. 1~31로 표기합니다.
- 네 번째: 시간을 의미합니다. 0~23으로 표기합니다.
- 다섯 번째: 분을 의미합니다. 0~59로 표기합니다.

참고로 앞에서 살펴본 '* * * * * /bin/bash ⟨absolute-path-to-script⟩/run.sh'는 해당 명령어를 1분에 한 번씩 실행하라는 명령어입니다.

이번 장에서는 두 가지 방식으로 슬랙 봇을 이용하는 방법을 살펴봤습니다. 기본적인 슬랙 봇을 설치하는 방법과 파이썬으로 스크립트를 만들어서 슬랙 서버에 메시지를 보내는 방법입니다. 특히 정기적으로 셸 스크립트를 실행하는 방법은 앞으로 다양한 정기 작업을 만들어서 실행하는 기본 바탕이 될 것입니다.

슬랙 봇과 관련해서 더 많은 정보를 살펴보고 싶다면 슬랙 홈페이지의 'Bot User[5]' 항목이나 『슬랙으로 협업하기』(위키북스, 2017)를 참고하기 바랍니다.

---

5 https://api.slack.com/bot-users

## CHAPTER 13

메시지 큐 만들기

이 장에서는 RabbitMQ를 사용해서 메시지 큐를 만들고, 큐에 메시지를 넣고, 그 메시지를 가져가는 작업을 해볼 것입니다. 이 장의 예제를 살펴보고 나면 다른 프로그래밍 언어로 만든 프로그램이나 다른 서버에 있는 프로그램과 데이터를 주고받는 코드를 손쉽게 만들 수 있을 겁니다. 그리고 애플리케이션 사이에 메시지 큐를 넣어서 느슨한 구조를 만들면 스케일링 작업 또한 쉬워질 겁니다.

13.1 메시지 큐

메시지 큐는 서로 다른 프로그램 사이에 공유할 수 있는 무제한 크기의 버퍼입니다. 이 큐를 이용해서 데이터를 만들고, 큐에 쌓아두고, 큐에서 데이터를 빼내어 순서대로 처리하거나, 라운드 로빈[1] 방식으로 분배해서 처리하거나, 규칙에 따라 여러 가지 작업을 할 수 있습니다.

위키백과의 '메시지 큐[2]' 항목에서는 메시지 큐의 개념을 다음 그림으로 설명합니다.

---

1 프로세스 사이에 우선순위를 두지 않고 순서대로 할당하는 스케줄링 방식입니다. 위키백과 '라운드 로빈 스케줄링(https://ko.wikipedia.org/wiki/라운드_로빈_스케줄링)'을 참고하세요.

2 https://ko.wikipedia.org/wiki/메시지_큐

그림 13-1 메시지 큐의 개념

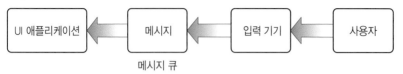

사용자 인터페이스

UI 애플리케이션 ← 메시지 ← 입력 기기 ← 사용자

메시지 큐

즉, 메시지 큐는 사용자가 입력한 메시지를 보낼 때의 중간 자료구조임을 알 수 있습니다.

13.2 RabbitMQ 소개

RabbitMQ[3]는 사용하기 간단하고, 대부분 운영체제에서 실행되며, 메시지 큐의 표준 중 하나
인 'AMQP[4]'를 준수하는 오픈 소스 메시지 브로커입니다. RabbitMQ 홈페이지에서는 거의 대
부분 운영체제와 프로그래밍 언어의 조합을 지원한다고 소개합니다.

그림 13-2 RabbitMQ 홈페이지

---

3 https://www.rabbitmq.com/

4 Advanced Message Queing Protocol의 줄임말입니다. https://www.amqp.org/에서 자세한 내용을 확인할 수 있습니다.

설치와 실행 등이 간단하므로 메시지 큐를 이해하고 사용하기에 좋습니다. 게다가 메시지 큐 서버에서는 큐들을 관리할 수 있는 웹 GUI를 지원합니다. 그럼 설치, 실행, 간단한 예제를 살펴보겠습니다.

13.2.1 RabbitMQ 설치와 메시지 큐 서버 실행하기

Downloading and Installing RabbitMQ[5]에는 운영체제별 설치 방법을 소개합니다. 윈도우의 경우는 'Installing On Windows[6]'에 접속한 후 rabbitmq-server-x.x.x.exe 파일을 다운로드해 설치합니다. 참고로 설치 전에는 Erlang 프로그래밍 개발 환경[7]을 설치해야 한다는 점에 주의해야 합니다.

우분투와 macOS는 다음 명령을 이용해 RabbitMQ를 설치합니다.

```
# 우분투
$ sudo apt-get install rabbitmq-server

# macOS
$ brew install rabbitmq
```

TIP 정상적으로 설치되지 않는다면 우분투는 sudo apt-get update, macOS는 brew update를 실행한 후 설치합니다.

실행 방법 또한 운영체제별로 조금씩 다릅니다. 윈도우는 자동으로 서버가 실행됩니다. 우분투역시 설치하는 과정에서 서버를 데몬으로 실행하게 되어 있습니다.

하지만 macOS는 rabbitmq-server라는 스크립트를 수동으로 실행해주어야 합니다. /usr/local/sbin 디렉터리에 있는 rabbitmq-server를 실행시킵니다. 만약 어느 경로에서든 자동으로 실행시키려면 .bash_profile 혹은 .profile에 PATH=$PATH:/usr/local/sbin라는 경로를 저장해놓습니다.

다음은 RabbitMQ 서버의 실행 예입니다.

---

5 https://www.rabbitmq.com/download.html
6 https://www.rabbitmq.com/install-windows.html
7 http://www.erlang.org/downloads

```
$ rabbitmq-server
            RabbitMQ 3.6.12. Copyright (C) 2007-2017 Pivotal Software, Inc.
  ##  ##    Licensed under the MPL.  See http://www.rabbitmq.com/
  ##  ##
  ##########  Logs: /usr/local/var/log/rabbitmq/rabbit@localhost.log
  ######  ##        /usr/local/var/log/rabbitmq/rabbit@localhost-sasl.log
  ##########
            Starting broker...
  completed with 9 plugins.
```

이제 이후의 모든 예제는 RabbitMQ 서버가 실행된 상태에서 해볼 겁니다. 2개의 터미널 창을 열어서 하나는 RabbitMQ 서버를 실행하고 하나는 파이썬 가상 환경을 실행해서 작업하면 됩니다.

13.3 RabbitMQ의 기본 동작 개념

RabbitMQ의 모든 메시지 큐 구조는 [그림 13-3]의 변형입니다.

그림 13-3 RabbitMQ 메시지 큐의 구조

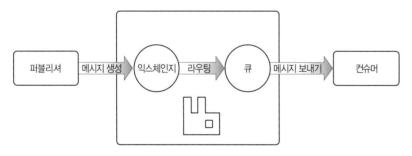

퍼블리셔[8]가 메시지를 생성하면, 메시지 큐 서버 안의 익스체인지[exchange]로 전달되어 규칙에 따라 익스체인지를 큐에 넣습니다. 컨슈머[consumer][9]는 큐에서 메시지를 꺼내 와서 처리합니다. 익스체인지와 큐의 관계, 큐와 컨슈머의 관계에 따라 여러 변형이 나타나게 됩니다.

---

8 상황에 따라 센더(sender)라고 표현하기도 합니다.

9 상황에 따라 리시버(receiver) 혹은 워커(worker)라고 표현하기도 합니다.

대표적인 메시지 큐 유형으로는 RabbitMQ 홈페이지에서 제시하는 여섯 가지가 있습니다.

- 전달
- 작업 분배 및 확인
- 브로드캐스팅
- 선택적 분배
- 패턴에 따른 분배
- RPC

우리는 여기서 두 가지 메시지 큐를 만들어볼 겁니다. 첫 번째로는 제일 단순한 메시지 전달, 두 번째로는 작업을 라운드 로빈 방식으로 메시지 큐에서 분배하는 겁니다. 첫 번째 예제에서는 퍼블리셔와 큐, 컨슈머가 하나뿐이지만 두 번째 예제에서는 컨슈머의 개수가 둘 이상이 될 겁니다.

> **TIP** 메시지 큐의 전반적인 개념은 RabbitMQ 홈페이지의 'AMQP 0-9-1 Model Explained[10]'를 참고하세요. 영어지만 자세합니다.

13.3.1 pika 패키지 설치

RabbitMQ를 파이썬으로 다룰 때는 pika라는 패키지를 사용합니다. 참고로 RabbitMQ 홈페이지에서도 이 패키지를 사용하니 사용성과 안정성은 걱정할 필요가 없습니다. 파이썬 패키지이므로 다음 명령으로 간단하게 설치합니다.

```
$ pip install pika
```

13.3.2 메시지 전달: 큐에 넣고 가져오기

이제 첫 번째 예제인 메시지 전달부터 살펴보겠습니다. 구조는 다음과 같습니다.

---

10 https://www.rabbitmq.com/tutorials/amqp-concepts.html

그림 13-4 메시지 전달 예제의 구조

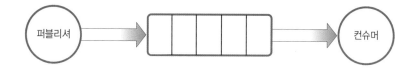

이 예제는 퍼블리셔 하나, 큐 하나, 컨슈머 하나가 존재하며 발행자가 생성한 메시지가 큐를 거쳐 컨슈머에게 전달됩니다.

그럼 RabbitMQ가 어떻게 메시지를 큐에 넣거나 가져오는지를 이해하는 데 초점을 맞춰 살펴보겠습니다. 단순한 상황이기 때문에 퍼블리셔와 컨슈머 관련 코드를 다 합쳐도 50행이 되지 않습니다.

메시지 센더 구현하기

그럼 메시지를 생성하고 큐로 보내는 퍼블리셔(센더)부터 살펴보겠습니다. 메시지를 보내는 과정은 다음처럼 나눠볼 수 있습니다.

- 메시지 브로커 서버에 연결하기.
- 연결 안에 채널 만들기.
- 채널 안에 큐 선언하기.
- 메시지 보내기(이때 여러 가지 파라미터 등을 설정할 수 있습니다).
- 연결 끊기.

[코드 13-1]에서 sender.py라는 파일을 만들어 구현했습니다.

코드 13-1 메시지 센더

```
# pika를 불러옵니다.
import pika

# 서버와 연결을 맺습니다.
connection = pika.BlockingConnection(pika.ConnectionParameters(host='localhost'))

# 연결 안에서 채널을 만듭니다.
channel = connection.channel()
```

```
# 채널 안에서 큐를 선언합니다. 새 큐를 만든다고 할 수 있습니다.
channel.queue_declare(queue='hello')

# 메시지를 보냅니다. 여기서는 excahnge와 routing_key를 다루지 않을 겁니다.
channel.basic_publish(exchange='', routing_key='hello', body='Hello Miku!!!')
print("# 메시지를 보냈습니다!")

# 서버와의 연결을 끊습니다.
connection.close()
```

이 스크립트는 메시지 하나를 큐에 넣기만 하고 종료합니다. 여러 번 실행하면 할수록 큐에는
메시지가 쌓이기만 할 겁니다. 이제 파일을 실행하면 큐에 메시지를 넣고, 지정된 문구([코드
13-1]에서는 '# 메시지를 보냈습니다!')를 출력하고 종료됩니다. 별거 없어 보이지만 할 건 다
끝났습니다.

```
$ python sender.py
# 메시지를 보냈습니다!
```

실제 서비스를 구현할 때는 특정 상황에 basic_publish( )가 실행되면서 꾸준히 큐에 메시지
를 쌓겠죠. 이때 쌓이는 메시지는 JSON 문자열이 될 수도 있고 평범한 문자열이 될 수도 있습
니다.

메시지 리시버 구현하기

메시지 리시버의 기본 구조는 메시지 센더와 비슷합니다. [코드 13-2]에서 receiver.py라는
파일을 만들어 구현했습니다.

코드 13-2 메시지 리시버

```
# pika를 불러옵니다.
import pika

# 서버와 연결을 맺습니다.
connection = pika.BlockingConnection(pika.ConnectionParameters(host='localhost'))

# 연결 안에서 채널을 만듭니다.
channel = connection.channel()
```

```
# 채널 안에서 큐를 선언합니다. 새 큐를 만든다고 볼 수 있습니다.
# 이미 센더 쪽에서 큐를 만들었지만 확실히 하기 위해서 여기서 한 번 더 만들어줍니다.
channel.queue_declare(queue='hello')

# 큐에서 가져온 메시지를 처리할 콜백 함수를 만듭니다.
# 이 함수는 단순히 body를 가져와서 출력합니다.
def callback(ch, method, properties, body):
    print(" # 메시지를 받았습니다: %r" % body)

# 메시지를 보낼 때 어떻게 할 것인지 설정합니다.
# 함수, 큐, 응답 여부(no_ack)를 지정합니다.
channel.basic_consume(callback, queue='hello', no_ack=True)

print('# 메시지를 기다리고 있습니다. 종료하려면 CTRL+C를 누르세요')

# 메시지 보내기를 시작합니다. 명시적으로 종료하기 전까지 계속 실행되면서
# 큐에 메시지가 들어올 때마다 callback이 메시지를 처리합니다.
channel.start_consuming()
```

터미널을 열어서 python receiver.py를 실행할 때마다 메시지를 받았다는 출력 메시지를 볼 수 있습니다.

```
$ python receiver.py
 # 메시지를 기다리고 있습니다. 종료하려면 CTRL+C를 누르세요
 # 메시지를 받았습니다: b'Hello Miku!!!'
 # 메시지를 받았습니다: b'Hello Miku!!!'
 # 메시지를 받았습니다: b'Hello Miku!!!'
```

여기서 샌더를 살짝 변경해보겠습니다. [코드 13-1]에서 메시지를 보내는 부분만 다음과 같이 변경합니다.

```
# 메시지를 보냅니다. 여기서는 excahnge와 routing_key를 다루지 않을 겁니다.
for i in range(10000):
    # 10,000개의 메시지를 큐에 쌓습니다.
    channel.basic_publish(exchange='', routing_key='hello', body=str(i))
    print("# 메시지를 보냈습니다!" + str(i))
```

변경된 샌더와 리시버 3개를 실행하면 [그림 13-5]와 같은 화면을 볼 수 있습니다.

그림 13-5 3개의 수신기에서 메시지 받기

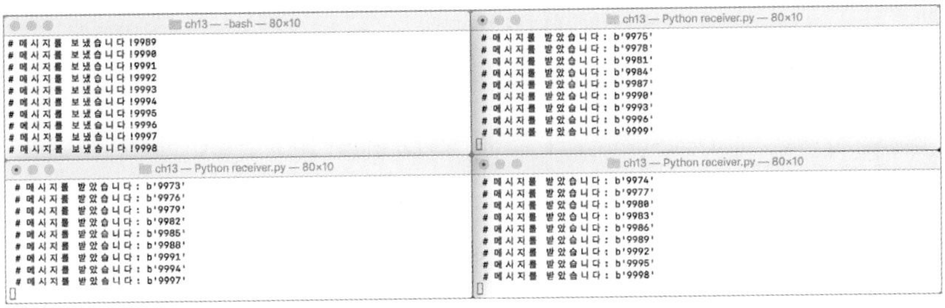

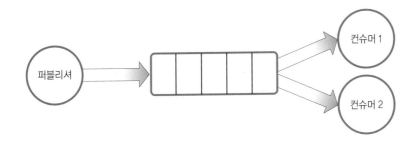

왼쪽 위가 샌더, 나머지 3개가 리시버입니다. 이걸로 분산 작업만이라면 비슷하게 해볼 수 있습니다.

하지만 이 센더와 리시버 구조에는 문제가 있습니다. 지금은 단순히 메시지를 전달받아서 출력하는 것뿐이고 리시버를 여러 개 실행해 늘리는 것으로 병렬 처리했습니다. 하지만 메시지를 리시버에 전달하고 나면 큐에서는 사라집니다. 또한 메시지 하나를 처리하는데 1초, 아니 5초 이상 걸릴 때도 있을 것이고 처리를 다 하면 다 했다고 큐에 전달해줘야 합니다. 실제로 [코드 13-2]의 no_ack 파라미터는 리시버가 작업을 처리했다는 걸 확인하지 않아도 큐에서 삭제한다고 설정했습니다. 그럼 다음 예제에서 방금 말한 문제점을 해결해보겠습니다.

13.3.3 작업 분배: 큐에 넣고, 여러 개의 워커가 가져가고, 작업 종료 확인하기

먼저 작업 분배의 구조를 살펴보겠습니다.

그림 13-6 작업 분배 구조

퍼블리셔가 생성한 메시지를 메시지 큐에서 컨슈머 1과 2에 나눠 전달합니다.

이 예제에서는 퍼블리셔 하나와 컨슈머 여러 개가 존재합니다. 물론 앞 예제에서도 퍼블리셔나 컨슈머가 큐에 붙기만 하면 스케일러블하게 규모를 조절할 수 있었습니다. 하지만 여기서 중요하게 볼 것은 규모가 아닙니다. 컨슈머가 작업한 후 해당 작업이 정상적으로 완료되었는지 확인하는 것과 퍼블리셔, 메시지 큐 서버, 컨슈머 중 어느 하나에 문제가 생겼을 때 해당 데이터를 어떻게 보존시킬 지입니다. 이를 알아보겠습니다.

메시지 센더 구현하기

앞에서와 마찬가지로 센더와 리시버 파이썬 코드를 볼 겁니다. 기본 구조는 [코드 13-1], [코드 13-2]와 비슷하지만 실제 서비스 구축 시에 꼭 필요할 것 같은 옵션을 추가했습니다.

메시지를 생성할 때는 new_task.py라는 파일을 만들어 구현했습니다.

코드 13-3 메시지 센더

```
import pika

# 무작위 수를 생성하는 random 모듈을 불러옵니다.
import random

# 서버와 연결을 맺습니다.
connection = pika.BlockingConnection(pika.ConnectionParameters(host='localhost'))

# 연결 안에서 채널을 만듭니다.
channel = connection.channel()

# 채널 안에서 큐를 선언합니다. 새 큐를 만든다고 볼 수 있습니다.
# [코드 13-1]과 차이점은 durable 옵션으로
# 서버 실행이 중단되었다가 다시 실행될 때도 상태를 유지시킵니다.
channel.queue_declare(queue='task_queue', durable=True)

# 큐에 쌓아둘 메시지 리스트를 만듭니다.
# 총 100개의 메시지를 만들며 메시지 각각은 1~10 사이의 정수입니다.
# 메시지 숫자가 곧 작업에 걸리는 시간이라고 생각해봅시다.
# 여기서 메시지의 형태는 "N:M"입니다.
# N번째로 생성되었고, 0.M초가 걸리는 작업이란 이야기입니다.
msgs = [str(i) + ":" + str(random.randrange(1, 11)) for i in range(100)]

# 메시지를 한 번에 여러 개 보낼 거니까 적당히 함수 하나로 깔끔하게 묶어줍니다.
def send_msg(msg):
```

```
    channel.basic_publish(exchange='', routing_key='task_queue', body=str(msg),
        # 아까의 예제와 다른 부분입니다.
        properties=pika.BasicProperties(
            # 이 프로퍼티를 적용함으로써 메시지를 디스크에 저장해 사라지지 않게 합니다.
            # 즉, 서버가 다시 시작되어도 메시지는 살아남습니다.
            delivery_mode = 2, )
    )

# 메시지들을 큐에다 쌓아줍시다!
for msg in msgs:
    send_msg(msg)
    print(" # 메시지를 보냈습니다: %r" % msg)

# 메시지를 다 보낸 후 닫아줍니다.
connection.close()
```

코드의 자세한 설명은 주석을 참고하기 바랍니다. 해당 파일을 실행하면 다음과 같은 결과를 볼 수 있습니다.

```
$ python3 new_task.py
 # 메시지를 보냈습니다: '0:4'
 # 메시지를 보냈습니다: '1:6'
 # 메시지를 보냈습니다: '2:10'
 # 메시지를 보냈습니다: '3:1'
 # 메시지를 보냈습니다: '4:8'
 # 메시지를 보냈습니다: '5:10'

〈중간 생략〉

 # 메시지를 보냈습니다: '94:2'
 # 메시지를 보냈습니다: '95:1'
 # 메시지를 보냈습니다: '96:1'
 # 메시지를 보냈습니다: '97:1'
 # 메시지를 보냈습니다: '98:6'
 # 메시지를 보냈습니다: '99:3'
```

총 100회의 작업을 실행했고 각 작업의 실행 시간을 표시합니다.

메시지 리시버 구현하기

메시지를 받을 때는 worker.py라는 파일을 만들어 구현했습니다.

코드 13-4 메시지 리시버

```
import pika
import time
import datetime

# 서버와 연결을 맺습니다.
connection = pika.BlockingConnection(pika.ConnectionParameters(host='localhost'))

# 연결 안에서 채널을 만듭니다.
channel = connection.channel()

# [코드 13-2]와 차이점은 durable 옵션으로
# 메시지 큐 서버 실행이 중단되었다가 다시 실행될 때도 상태를 유지시킵니다.
channel.queue_declare(queue='task_queue', durable=True)
print(' # 메시지를 기다리고 있습니다. 종료하려면 CTRL+C를 누르세요.')

# 메시지를 처리할 콜백 함수를 지정합니다.
def callback(ch, method, properties, body):
    # 전달받는 메시지는 바이트 문자열입니다.
    # 따라서 UTF-8로 인코딩해서 msg에 저장합니다.
    msg = str(body, "utf8").split(":")

    # 몇 번째로 생성된 메시지인지 표시합니다.
    print(" # [%s] %s 메시지를 받았습니다.\n %r" % (datetime.datetime.now(), msg[0], body))

    # 받은 숫자대로 잠깐 멈춥니다.
    # 여기서는 받은 숫자를 10으로 나눠서 최대 1초만 걸리게 했습니다.
    time.sleep(int(str(msg[1]))/10)
    print(" # [%s] 완료했습니다."% datetime.datetime.now())

    # 메시지 큐 서버에 완료했다는 응답을 보냅니다.
    # 이 응답이 가야 새로운 큐가 새로운 메시지를 보내줍니다.
    ch.basic_ack(delivery_tag = method.delivery_tag)

# 컨슈머는 메시지를 미리 가져오는데, 얼마나 가져오게 할지 결정합니다.
# 만약 이 설정이 없다면 컨슈머가 큐에 메시지를 요청할 때 무제한으로 가져옵니다.
# 또한 중간에 새로운 컨슈머를 실행하면 기존에 큐에 들어가 있던 메시지를 분배하지 않습니다.
channel.basic_qos(prefetch_count=1)
```

```
# 이 클라이언트가 수립한 채널이 어떤 큐에서 어떤 함수로 메시지를 보낼지 설정합니다.
channel.basic_consume(callback, queue='task_queue')

# 메시지 처리를 시작합니다.
channel.start_consuming()
```

역시 자세한 코드 설명은 주석을 참고하기 바랍니다.

> **TIP** [코드 13-3]과 [코드 13-4]에서 다루는 옵션을 더 자세히 알고 싶다면, 'AMQP 0-9-1 Complete Reference Guide[11]'와 'Persistence Configuration[12]'을 살펴보세요.

다시 3개의 터미널 화면을 연 다음 worker.py를 실행해 작업을 분배하는 상태를 [그림 13-7]에 나타냈습니다.

그림 13-7 작업을 분배하는 메시지 큐

중간에 서버나 클라이언트가 중단되었다 다시 실행되어도 처리하지 않은 메시지가 사라지지 않습니다. 또한 새로운 컨슈머가 중간에 끼어들어도 미리 가져오는 메시지 개수가 1개로 제한되어 있으므로 새 컨슈머도 메시지를 처리할 수 있습니다.

지금 우리가 다뤘던 예제의 구조는 다음과 같습니다.

- 퍼블리셔 – 큐(익스체인지 + 큐) – 컨슈머
- 퍼블리셔 – 큐(익스체인지 + 큐) – 라운드 로빈 방식으로 메시지를 분배 받는 다수의 컨슈머

즉, 여지껏 큐라고 불러왔던 것은 익스체인지와 큐가 함께 붙어있던 것이었습니다. 익스체인지는 말 그대로 교환소입니다. 퍼블리셔에게서 메시지를 받아서, 익스체인지의 규칙에 따라 다른

---

11 https://www.rabbitmq.com/amqp-0-9-1-reference.html
12 https://www.rabbitmq.com/persistence-conf.html

큐로 메시지를 보냅니다. 따라서 컨슈머는 큐에 바로 붙는게 아니라, 익스체인지에 큐를 묶어서 메시지를 받아 와야 하는 것이죠. 이 과정을 이해했으면 그다음 예제들은 이해하기가 편할 겁니다.

RabbitMQ 홈페이지는 여기서 더 나아가서, 다음 구조를 따라 해볼 수 있게 제시합니다.

- 퍼블리셔 – 익스체인지 – 복수 큐에 브로드캐스팅 – 동일한 내용을 받는 복수의 컨슈머[13]
- 퍼블리셔 – 익스체인지 – 큐 이름에 따른 라우팅 – 구독하는 큐에 따라서 다른 내용을 처리하는 각각의 컨슈머[14]
- 퍼블리셔 – 익스체인지 – 큐 패턴에 따른 라우팅 – 구독하는 큐 패턴에 따라서 다른 내용을 처리하는 각각의 컨슈머[15]

13.4 셀러리: 메시지 큐를 이용한 분산 처리 애플리케이션

앞서 살펴본 RabbitMQ는 이것저것 설정해야 할 게 많아 간편하게 사용하기는 어렵습니다. 하지만 비동기 처리를 간단하게 분산시켜서 작업하고 싶을 때가 꽤 많을 것입니다. 이러한 이유로 사람들은 좀 더 추상화한 분산 처리 시스템을 만들어냈습니다. 지금 소개하는 셀러리[Celery][16]입니다.

셀러리를 사용하는 법은 간단합니다. 셀러리 애플리케이션을 만들고, 태스크를 정의한 후 호출하면 됩니다. 그럼 차근차근 셀러리를 사용하는 방법을 살펴보겠습니다.

> **TIP** 셀러리 튜토리얼은 http://docs.celeryproject.org/en/latest/getting-started/first-steps-with-celery.html에서 볼 수 있습니다.

13.4.1 설치

언제나 그렇듯 잘 알려진 패키지는 pip를 이용해서 설치할 수 있습니다.

---

13 https://www.rabbitmq.com/tutorials/tutorial-three-python.html
14 https://www.rabbitmq.com/tutorials/tutorial-four-python.html
15 https://www.rabbitmq.com/tutorials/tutorial-five-python.html
16 http://www.celeryproject.org/

```
$ pip install celery
```

13.4.2 셀러리의 동작 구조

셀러리는 기본적으로 워커 서버, 태스크 퍼블리셔, 메시지 브로커로 구성됩니다(메시지 브로커는 앞서 소개한 RabbitMQ가 대표적입니다). 그리고 기본적으로 비활성화되어 있지만 태스크 실행 결과를 저장하는 결과 백엔드Result Backend가 있습니다.

이 관계를 그림으로 나타내면 다음과 같습니다.

그림 13-8 셀러리의 동작 구조

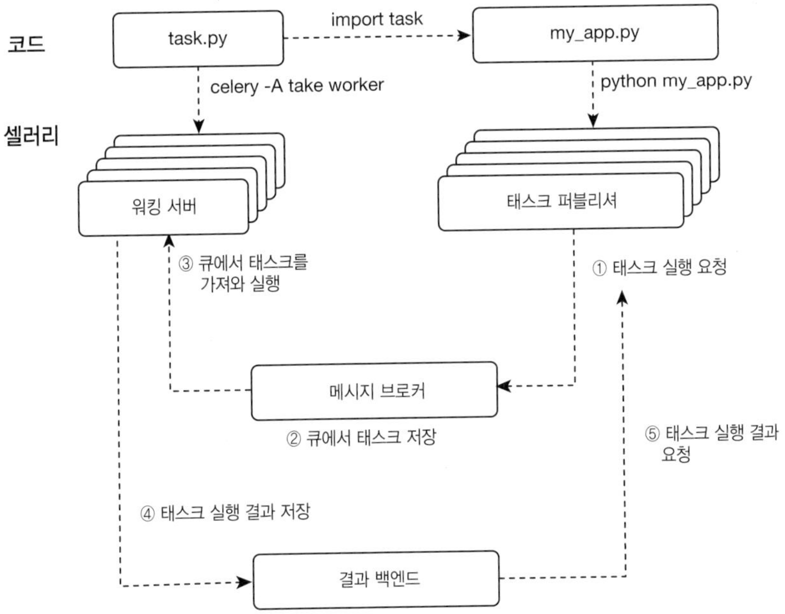

13.4.3 워커 서버

워커 서버는 태스크 코드를 이용해 실제로 태스크를 실행하는 서버입니다. 한 번에 여러 대를 동시에 실행할 수 있으며, 하나 이상의 태스크 큐에서 태스크를 가져와서 실행할 수 있습니다.

워커 서버는 태스크 코드로 실행됩니다. 태스크 퍼블리셔는 태스크 코드를 사용자 애플리케이션이 불러(import task)와 실행합니다.

메시지 브로커 선택

앞서 RabbitMQ를 설치했다면 특별히 메시지 브로커를 선택하거나 설치할 필요가 없습니다. 물론 다른 애플리케이션을 메시지 브로커로 사용할 수 있습니다만, 이 장에서는 셀러리의 메시지 브로커로 RabbitMQ를 선택했다고 가정합니다.

> **TIP** 메시지 브로커로 사용할 수 있는 애플리케이션 목록은 셀러리 개발 문서의 'Broker Overview[17]'에서 확인할 수 있습니다.

태스크 코드 작성

셀러리의 워커 서버에서 실행하는 태스크 코드는 tasks.py라고 이름 짓는 것이 관습입니다. 간단한 예제이므로 모든 코드를 모듈 하나에 넣어서 작성해볼 것입니다.

> **TIP** 규모가 더 큰 태스크 코드를 구성하는 방법은 셀러리 개발 문서의 'Out Project[18]'를 참고하세요.

코드 13-5 태스크 코드

```python
# 셀러리를 불러옵니다.
from celery import Celery

# 셀러리 앱 인스턴스를 만듭니다.
app = Celery(
    # 첫 번째 파라미터는 현재 모듈의 이름입니다.
    # 이 파라미터를 전달하면 현재 모듈을 단독으로 실행할 때도 문제없도록 합니다.
    'tasks',

    # broker 파라미터는 메시지 브로커의 주소입니다. 프로토콜과 접속 정보를 적습니다.
    # 여기서는 rabbitmq를 사용하므로, AMQP 형식의 주소를 사용했습니다.
    broker='pyamqp://guest@localhost//',
```

---

17 http://docs.celeryproject.org/en/latest/getting-started/brokers/index.html#broker-overview

18 http://docs.celeryproject.org/en/latest/getting-started/next-steps.html#project-layout

```
    # 결과를 저장할 backend를 지정합니다. 주로 데이터베이스를 지정합니다.
    backend="db+sqlite:///db.sqlite"
)

# @app.task 디코레이터를 붙여 이 함수가 태스크라는 것을 표시합니다.
@app.task
def add(x, y):
    return x + y
```

메시지 브로커 실행

메시지 브로커로 앞서 배웠던 RabbitMQ를 사용할 것이므로 13.2.1을 참고해 RabbitMQ 서버를 실행시켜주면 됩니다. RabbitMQ 서버를 이용해 워커 서버와 태스크 퍼블리셔가 통신할 것입니다.

태스크 코드로 워커 서버 실행

워커 서버를 실행할 준비가 끝났습니다. 셀러리는 데이터베이스와 통신할 때 SQLAlchemy[19]를 사용합니다. 그래서 사전 작업 없이 데이터베이스를 결과 백엔드로 설정하면 바로 실행이 되지 않습니다. 셀러리가 사용하는 SQLAlchemy는 직접 쿼리를 사용하지 않고 객체를 다루듯 데이터베이스를 사용할 수 있게 해주는 패키지입니다.

다음 명령을 터미널에서 실행해서 SQLAlchemy를 먼저 설치합니다.

```
$ pip install sqlalchemy
```

그리고 터미널에서 태스크 코드가 있는 디렉터리로 이동한 후 다음 명령을 실행합니다.

```
$ celery worker -A tasks --loglevel=info
```

worker는 워커 서버를 실행시키는 명령어로 -A 옵션은 실행할 앱(모듈, 태스크 코드)을 지정합니다. 여기서 만든 것은 tasks 모듈이므로 -A tasks라고 설정했습니다. --loglevel=info는 화면에 로그를 출력하도록 설정합니다.

그럼 다음처럼 셀러리 워커가 실행됩니다. 참고로 macOS에서 실행한 결과입니다.

---

19 https://www.sqlalchemy.org/

```
-------------- celery@Scottui-MBP v4.1.0 (latentcall)
--- **** -----
--- * *** * -- Darwin-17.0.0-x86_64-i386-64bit 2017-10-18 21:26:02
-- * - **** ---
- ** ---------- [config]
- ** ---------- .> app:         tasks:0x110738278
- ** ---------- .> transport:   amqp://guest:**@localhost:5672//
- ** ---------- .> results:     sqlite:///db.sqlite
- *** --- * --- .> concurrency: 8 (prefork)
-- ******* ---- .> task events: OFF (enable -E to monitor tasks in this worker)
--- ***** -----
  -------------- [queues]
                .> celery           exchange=celery(direct) key=celery


[tasks]
  . tasks.add

[2017-10-18 21:26:02,430: INFO/MainProcess]
                              Connected to amqp://guest:**@127.0.0.1:5672//
[2017-10-18 21:26:02,450: INFO/MainProcess] mingle: searching for neighbors
[2017-10-18 21:26:03,471: INFO/MainProcess] mingle: all alone
[2017-10-18 21:26:03,500: INFO/MainProcess] celery@Scottui-MBP ready.
```

13.4.4 태스크 퍼블리셔(사용자 앱)

이제 메시지 큐를 이용해 앞서 만든 태스크를 우리가 만든 애플리케이션에서 비동기로 호출하게 만들어보겠습니다. 이를 위해 publisher.py라는 파일을 만들고 작업합니다.

애플리케이션에서 태스크 실행 요청하기

태스크 실행을 요청하는 프로그램은 생각보다 간단합니다. [코드 13-6]처럼 작성합니다.

코드 13-6 태스크 실행 요청

```
# 앞서 만든 태스크 코드를 불러옵니다.
import tasks

# 태스크 코드에서 태스크로 지정했던 함수를 바로 호출하지 않고 delay를 사용해서 호출합니다.
tasks.add.delay(2, 2)
```

tasks.add.delay(2, 2)를 호출하면 해당 요청이 메시지 브로커로 지정된 애플리케이션의 큐로 들어가며 메시지를 워커 서버가 가져가서 작업합니다.

> **TIP** 여기서는 별도의 파일로 만들었지만 워커 서버가 실행 중이라면 태스크 퍼블리셔를 만드는 작업은 일반적인 파이썬 셸을 이용해서도 할 수 있습니다.

publisher.py를 실행하면 워커 서버 터미널에서 다음과 같은 결과를 볼 수 있습니다.

```
$ python pyblisher.py
[2016-12-12 00:37:48,907: INFO/PoolWorker-1]
  Task tasks.add[94de33bc-4357-411e-a4d9-0e6af10ba0d0]
  succeeded in 0.006067557958886027s: 4
```

INFO/PoolWorker-1라는 별도의 스레드가 생성되었고 94de33bc-4357-411e-a4d9-0e6af10ba0d0이라는 태스크를 추가해 실행에 성공했습니다. 이렇게 MainProcess와는 별개의 스레드가 생겨서 쉽게 비동기로 처리할 수 있습니다.

태스크 실행 결과 가져오기

언제나 태스크 실행을 요청할 수만은 없습니다. 결과를 가져다 사용해야 할 필요가 있죠. 그럴 때 사용하는 것이 '결과 백엔드'입니다.

기본적으로 셀러리에서는 결과 백엔드가 비활성화되어 있습니다. 하지만 [코드 13-5]처럼 최초에 셀러리 인스턴스를 만들 때 backend 파라미터에 데이터베이스 주소를 전달하는 것으로 결과를 저장할 수 있습니다.

코드 13-7 태스크 실행 결과

```python
# 앞서 만든 태스크 코드를 불러옵니다.
import tasks

# 태스크 코드에서 태스크로 지정했던 함수를 바로 호출하지 않고 delay를 사용해서 호출합니다.
result = tasks.add.delay(3, 9)

print("Get result")

# result.get()으로 결과를 전달받습니다.
print(result.get())
```

코드를 수정한 후 실행하면 다음과 같이 출력할 것입니다.

```
$ python pyblisher.py
Get result
12
```

기대하는 결과를 가져왔습니다. 그리고 데이터베이스인 db.sqlite를 살펴보면 다음과 같이 태스크의 작업 결과가 데이터베이스 테이블에 저장되어 있습니다.

```
<html>
<head>
  <title></title>
</head>
<body>
<table border="1" style="border-collapse:collapse">
  <tr>
    <th>id</th>
    <th>task_id</th>
    <th>status</th>
    <th>result</th>
    <th>date_done</th>
    <th>traceback</th>
  </tr>
  <tr>
    <td>11</td>
    <td>5cdd9f9f-349b-4266-958c-586830b337f8</td>
    <td>SUCCESS</td>
    <td>&#39;8004950300000000000000004B082E&#39;</td>
    <td>2016-12-11 16:48:12.992772</td>
    <td>NULL</td>
  </tr>
  <tr>
    <td>12</td>
    <td>9f622a26-5ea7-4c39-a0ef-8f39771aa91f</td>
    <td>SUCCESS</td>
    <td>&#39;8004950300000000000000004B0C2E&#39;</td>
    <td>2016-12-11 16:48:14.992505</td>
    <td>NULL</td>
  </tr>
</table>
</body>
</html>
```

이제 task_id에 고유 번호("9f622a26-5ea7-4c39-a0ef-8f39771aa91f")를 저장해두면, 바로 꺼내 쓰는 것이 아니더라도 이후에 언제든지 필요할 때 해당 태스크의 작업 결과를 결과 백엔드에서 가져올 수 있습니다.

코드 13-8 태스크 작업 결과 가져오기

```
task_id = "9f622a26-5ea7-4c39-a0ef-8f39771aa91f"

# 다른 코드에서 다음 코드를 이용해 task_id를 활용할 수도 있습니다.
tasks.app.AsyncResult(task_id).get()
```

이렇게 비동기라는 점을 이용하여 작업을 시작하게 만든 애플리케이션과 작업의 결과를 가져다 사용하는 애플리케이션을 분리할 수 있습니다. 참고로 앞 예제에서는 편의상 한 코드에 태스크 시작과 결과를 받아오는 부분이 같이 들어 있습니다.

지금까지 메시지 큐를 이용하는 여러 가지 애플리케이션을 살펴보았습니다. 파이썬을 이용하면 이렇게 메시지 큐를 생성하고 이용하는 다양한 애플리케이션을 만들어볼 수 있습니다.

메시지 큐는 주로 서버 애플리케이션을 다루는 개발자가 많이 사용하며 대규모 서버 애플리케이션에서는 주로 자바로 메시지 큐를 다룰 확률이 높습니다. 하지만 파이썬으로 미리 메시지 큐를 프로토타이핑해서 충분히 검증한 후 실무에서 메시지 큐를 구축하게 되면 좀 더 견고한 메시지 큐 애플리케이션을 만드는 데 많은 도움을 받을 것입니다.

## CHAPTER 14

팬더스로 데이터 분석하기

1장에서 파이썬의 장점으로 데이터 분석에 필요한 라이브러리가 풍부하다고 한 적이 있습니다. 이 장에서는 파이썬 데이터 분석 도구로 유명한 팬더스를 이용해 데이터를 불러오고, 저장하고, 분석하고, 그래프로 그리는 등의 각종 작업을 경험해보겠습니다.

14.1 팬더스

팬더스pandas[1]는 파이썬을 이용한 오픈 소스 데이터 분석 도구입니다. 계산 과학 분야에서 사용하는 기본 패키지인 NumPy를 기반으로 만들어서 매우 빠르고, 복잡한 데이터 처리 작업을 SQL 등의 쿼리를 다루는 것보다 간편하게 할 수 있습니다. 계산 과학 분야에서 가장 중요한 도구라고 해도 과언이 아닙니다.

팬더스 홈페이지에서는 팬더스의 특징을 다음과 같이 소개합니다.

- 부동 소수점 데이터뿐만 아니라 빠진 데이터(NaN으로 표시)를 손쉽게 처리합니다.
- DataFrame 및 상위 차원 개체에서 열을 삽입하고 삭제할 수 있습니다.
- 개체를 레이블 세트에 명시적으로 정렬하거나 사용자가 레이블을 무시하고 Series, DataFrame 등으로 데이터를 사용할 수 있습니다.
- 데이터를 집계하거나 변환하기 위해 데이터 세트를 분할할 수 있는 강력하고 유연한 그룹 기능이 있습니다.

---

1 http://pandas.pydata.org/

- 파이썬이나 NumPy 데이터 구조의 비정형 인덱스 데이터를 DataFrame 객체로 쉽게 변환해서 사용할 수 있습니다.
- 날짜 범위 생성, 날짜 데이터 빈도 변환, 날짜 이동과 지연 등 시계열 관련 기능을 포함합니다.

그럼 팬더스의 장점은 무엇일까요? 여러 가지가 있겠지만 크게 다음 네 가지를 소개하고 싶습니다.

빠릅니다. Numpy를 사용하기 때문에 엄청 빠릅니다

NumPy는 파이썬 패키지지만 내부는 상당 부분 C나 포트란으로 작성된 패키지입니다. 따라서 순수 파이썬으로 만든 패키지보다 실행 속도가 빠릅니다.

또한 NumPy의 특징 중 하나로 N차원 배열 객체를 빠르고 손쉽게 처리한다는 점이 있습니다. 엑셀도 일종의 배열을 다루는 프로그램인데 엑셀로는 처리할 수 없을 정도로 양이 많은 데이터를 처리할 때 유용합니다. 예를 들어 64비트 엑셀에서는 104만 개 이상으로 행을 생성할 수 없습니다. 게다가 그 정도로 많은 데이터를 다루다 보면, 작업 중 도중에 엑셀 실행이 중단되는 일도 꽤 있습니다. 하지만 팬더스는 배열 객체를 처리하는 데 특화된 NumPy를 기반에 두므로 그럴 염려가 없습니다.

다양한 방법으로 데이터 처리가 가능함

CSV뿐만 아니라 엑셀 파일을 읽어서 데이터를 다룰 수 있고, 데이터베이스에 직접 접근해서 작업할 수도 있습니다. 10장에서 살펴본 것처럼 SQL 쿼리와 파이썬을 조합하고 여기에 팬더스를 이용하면 데이터 조합과 그에 따른 연산을 쉽게 할 수 있습니다. 단, 도구마다 장단점이 있음은 기억해두기 바랍니다.

시각화 도구가 잘 갖춰져 있음

Jupyter Notebook의 그래프 지원 기능과 팬더스의 계산 결과가 결합하면 엑셀 못지않은 그래프를 만들 수 있습니다. 게다가 패키지에 따라서 코호트 분석[2] 기반의 히트 맵Heat map[3], 그 외 여러 가지 시각화 등 엑셀로는 표현할 수 없는 다양한 그래프를 생성할 수 있기도 합니다.

---

2 파이썬으로 코호트 분석을 하는 방법은 'Cohort Analysis with Python(http://www.gregreda.com/2015/08/23/cohort-analysis-with-python/)'을 참고하면 좋습니다.

3 https://ko.wikipedia.org/wiki/히트_맵

그럼 이러한 장점들을 직접 체험해볼 때입니다. 이 장에서는 다음 과정으로 팬더스를 살펴볼 것입니다.

1 팬더스 설치.
2 데이터 종류 살펴보기.
3 데이터를 불러오고 저장하기.
4 조건에 따라 데이터 선택하기.
5 데이터를 그룹으로 나누고 계산하고, 합해서 결과 만들기.
6 그래프 만들기.

14.2 설치하기

팬더스 역시 pip를 이용해서 간단하게 설치할 수 있습니다.

```
$ pip install pandas
```

14.3 데이터 타입 만들기

팬더스는 파이썬의 데이터 타입을 그대로 사용하지 않습니다. 처리 속도를 높이기 위해서 NumPy의 데이터 타입을 확장해서 사용합니다. 하지만 걱정할 필요는 없습니다. 팬더스 고유의 데이터 타입은 딱 두 가지만 더 살펴보면 되니까요. Series와 DataFrame입니다.

14.3.1 Series 데이터 타입 만들기

Series는 1차원 배열입니다. 기본적으로는 숫자로 된 인덱스를 갖지만 사용자가 지정함에 따라서 각각의 인덱스에 이름을 가질 수도 있습니다.

그럼 Series 타입을 만들어봅시다. 먼저 팬더스를 불러옵니다. 관례로 import pandas as pd 라고 작성합니다. 여기서도 그걸 따르기로 하겠습니다. 참고로 14장의 예제는 모두 pandas_ex.ipynb 파일에 저장되어 있습니다.

코드 14-1 팬더스 불러오기와 Series 타입 정의

```
In[1]:
# 팬더스와 NumPy를 불러옵니다.
import pandas as pd
import numpy as np

# s에 Series 타입을 정의합니다.
s = pd.Series(["m", "i","k", "u", 3, 9, 39, 3.939])
s

Out[1]:
0         m
1         i
2         k
3         u
4         3
5         9
6        39
7     3.939
dtype: object
```

Series 타입의 기본 인덱스는 숫자로 구성하며 인덱스는 다른 프로그래밍 언어처럼 0부터 시작합니다. 따라서 마지막 인덱스는 '전체 길이 - 1'이 됩니다.

아이템 개수와 동일한 인덱스의 개수를 전달해서 인덱스를 지정할 수 있습니다. 여기에서는 임의의 문자열로 된 인덱스를 설정했습니다.

코드 14-2 임의의 문자열로 인덱스 설정하기

```
In[2]:
# index 파라미터를 이용해 임의의 문자열로 인덱스를 설정합니다.
s = pd.Series(
    ["m", "i", "k", "u", 3, 9, 39, 3.939], index=["A", "B", "Z", "X", "y", "h", "i", "D"])
s

Out[2]:
A         m
B         i
Z         k
X         u
```

```
y       3
h       9
i      39
D   3.939
dtype: object
```

그런데 형태가 어디서 많이 본 것 같습니다. 파이썬의 딕셔너리와 비슷하네요. Series 타입을 만들 때는 깊이가 1인 딕셔너리를 그대로 사용할 수 있습니다.

코드 14-3 깊이가 1인 딕셔너리로 Series 데이터 타입 정의하기

```
In[3]:
# 깊이가 1인 딕셔너리를 생성합니다.
heroes_dict = {
    'ana':200, 'bastion':300, 'dva':500,
    'genji':200, 'hanjo':200, 'junkrat':200,
    'lucio':200, 'macree':200, 'mei':250,
    'mercy':200, 'pharah':200, 'reaper':250,
    'reinhardt':500, 'roadhog':600, 'soldier76':200,
    'symmetra':200, 'torbjorn':200, 'tracer':150,
    'widowmaker':200, 'winston':500, 'zarya':400,
    'zenyatta':200

}

# 해당 딕셔너리를 Series 타입으로 변환합니다.
heroes_series = pd.Series(heroes_dict)
heroes_series

Out[3]:
ana          200
bastion      300
<중간 생략>
zenyatta     200
dtype: int64
```

이렇게 세 가지 형태로 Series 타입을 생성해봤습니다.

TIP Series 타입을 좀 더 자세히 살펴보려면 팬더스 개발 문서의 'Series[4]'를 살펴보기 바랍니다.

....

4 http://pandas-docs.github.io/pandas-docs-travis/dsintro.html#series

14.3.2 DataFrame 데이터 타입 만들기

DataFrame 타입은 Series 타입을 연결한 것입니다. 즉, 2차원 배열이 됩니다. Series 타입 각각은 한 행^{row}이 되고, Series의 인덱스는 열^{column}이 된다고 생각하면 이해하기 쉬울 겁니다.

DataFrame 타입을 딕셔너리를 기반으로 만드는 방법은 Series 타입과 동일합니다. 하지만 딕 셔너리의 키가 Series 타입의 인덱스가 되었듯 DataFrame 타입을 만들 때 딕셔너리의 키는 열이 됩니다.

코드 14-4 딕셔너리로 DataFrame 데이터 타입 생성하기

```
In[4]:
# 22개의 행과 4개의 열을 갖는 딕셔너리를 정의합니다.
heroes = {
    "name":[
        'ana', 'bastion', 'dva',
        'genji', 'hanjo', 'junkrat',
        'lucio', 'macree', 'mei',
        'mercy', 'pharah', 'reaper',
        'reinhardt', 'roadhog', 'soldier76',
        'symmetra', 'torbjorn', 'tracer',
        'widowmaker', 'winston', 'zarya',
        'zenyatta'
    ],
    "health":[
        200, 300, 500,
        200, 200, 200,
        200, 200, 250,
        200, 200, 250,
        500, 600, 200,
        200, 200, 150,
        200, 500, 400,
        200
    ],
    "position":[
        "support", "defense", "tank",
        "offense", "defense", "defense",
        "support", "offense", "defense",
        "support", "offense", "offense",
        "tank", "tank", "offense",
        "support", "defense", "offense",
        "defense", "tank", "tank",
```

```
            "support"
        ],
        "id":[
            1, 2, 3,
            4, 5, 6,
            7, 8, 9,
            10, 11, 12,
            13, 14, 15,
            16, 17, 18,
            19, 20, 21,
            22
        ]
    }

# 딕셔너리를 DataFrame 타입으로 변환합니다.
heroes_df = pd.DataFrame(heroes)
heroes_df
```

Out[4]:

	health	id	name	position
0	200	1	ana	support
1	300	2	bastion	defense
2	500	3	dva	tank
3	200	4	genji	offense
〈중간 생략〉				
19	500	20	winston	tank
20	400	21	zaraya	tank
21	200	22	zenyatta	support

Jupyter Notebook에서는 앞 DataFrame 타입을 표로 출력합니다.

이제 팬더스의 기본 데이터 타입은 다 살펴봤습니다. 하지만 언제까지고 이렇게 손으로 데이터를 채워 넣을 수는 없습니다. 다른 형태로 만들어진 데이터를 팬더스로 가져와 보겠습니다.

14.4 데이터를 불러오고 저장하기

데이터는 대부분 어느 정도 정제가 끝나서 파일로 저장된 경우가 많습니다. 처음부터 수동으로 데이터를 만드는 경우는 거의 없습니다. 있더라도 9장이나 10장 예제처럼 크롤러나 다른 도구를 이용해서 자동으로 생성하는 경우가 많을 겁니다.

정제된 데이터 대부분은 보통 CSV 파일, 엑셀 파일, 데이터베이스 파일의 형태 중 하나일 겁니다. 물론 팬더스는 이 세 가지 외에도 다른 방법으로 데이터를 불러오는 방법을 지원하지만, 여기에서는 세 가지 형식의 데이터를 불러오고 저장하는 방법을 살펴보겠습니다.

14.4.1 CSV 파일

CSV 파일을 읽어오는 건 간단합니다. 사실 너무나 간단해서 설명하기가 민망할 정도죠. 여기에서는 9장에서 생성했던 book_list.csv 파일을 불러오겠습니다.

코드 14-5 CSV 파일 불러오기

```
In[5]:
# read_csv()를 이용해 CSV 파일을 불러옵니다.
csv_data = pd.read_csv("examples/book_list.csv")

# 열 제목이 있는 형태로 데이터 5개를 출력합니다.
csv_data.head()

Out[5]:
```

	book_title	book_author	book_tran~	book_pub_date	book_isbn
0	2016 전기~	김상훈	NaN	2016-05-04	9791156642466
1	2018 전기~	김상훈, ~	NaN	2017-08-07	9791156643234
2	2016 전기~	김상훈	NaN	2016-05-04	9791156642473
3	2017 전기~	김상훈	NaN	2016-12-07	9791156642817
4	아주 큰~	편집부	NaN	2017-10-10	9791162240090

만약 CSV 파일에 열 제목이 없고, 파일을 불러들이면서 새로운 열 제목을 정하고 싶다면 다음과 같이 코드를 작성하면 됩니다.

코드 14-6 열 제목을 생성해서 CSV 파일 불러오기

```
In[6]:
# 열 제목을 직접 설정합니다.
columns = ["제목", "저자", "번역자", "출간일", "ISBN"]

# 열 제목이 없는 CSV 파일을 불러옵니다.
# 인덱스가 없도록 설정한 다음 names 파라미터의 값을 columns로 설정합니다.
csv_data2 = pd.read_csv("examples/book_list_headless.csv", header=None,
names=columns)

# 열 제목이 있는 형태로 데이터 5개를 출력합니다.
csv_data2.head()

Out[6]:
```

제목	저자	번역자	출간일	ISBN
2016 전기~	김상훈	NaN	2016-05-04	9791156642466
2018 전기~	김상훈, ~	NaN	2017-08-07	9791156643234
2016 전기~	김상훈	NaN	2016-05-04	9791156642473
2017 전기~	김상훈	NaN	2016-12-07	9791156642817
아주 큰~	편집부	NaN	2017-10-10	9791162240090

CSV 파일로 저장하는 코드는 간단합니다. [코드 14-4]에서 만들었던 DataFrame 타입 heroes 를 CSV 파일로 저장해보겠습니다.

코드 14-7 DataFrame 타입을 CSV 파일로 저장하기

```
In[7]:
heroes_df.to_csv("examples/heroes.csv")
```

DataFrame 타입 변수에 to_csv( )를 호출해서 저장할 디렉터리 경로만 전달하면 됩니다.

14.4.2 엑셀 파일

대표적인 데이터 시트 파일이라고 한다면 역시 엑셀 파일입니다. 대부분의 사람이 데이터를 행 렬로 표현한다면 제일 먼저 떠올리는 파일 형식이기도 하죠.

팬더스에서 엑셀 파일을 불러오고 저장하려면 파일 데이터를 추출하는 xlrd[5]와 파일을 읽거나 저장하는 openpyxl[6] 패키지를 설치해야 합니다. 다음 명령으로 두 패키지를 설치합니다.

```
$ pip install xlrd
$ pip install openpyxl
```

이제 엑셀 파일에서 팬더스로 데이터를 불러들이는 것도 앞서 살펴본 CSV 파일처럼 간단합니다. [코드 14-7]에서 저장한 heroes.csv 파일을 heroes.xlsx로 저장한 후 해당 파일을 불러옵니다.

코드 14-8 엑셀 파일 불러와서 출력하기

```
In[8]:
# read_excel()을 이용해 엑셀 파일을 불러옵니다.
# 이때 heroes 시트를 선택하도록 합니다.
heroes_excel = pd.read_excel("examples/heroes.xlsx", "heroes")

# 열 제목이 있는 형태로 데이터 5개를 출력합니다.
heroes_excel.head()

Out[8]:

|   | health | id |    name | position |
|   |--------|----|---------|----------|
| 0 |    200 |  1 |     ana |  support |
| 1 |    300 |  2 | bastion |  defense |
| 2 |    500 |  3 |     dva |     tank |
| 3 |    200 |  4 |   genji |  offense |
| 4 |    200 |  5 |   hanjo |  defense |
```

엑셀 파일을 저장하는 과정도 DataFrame 타입이 된 heroes_excel에 to_excel()만 호출하면 됩니다. 하지만 DataFrame 타입 데이터에 있는 0~4의 행 인덱스는 필요 없습니다. 따라서 index 파라미터의 값을 False로 설정해 인덱스를 저장하지 않을 겁니다.

---

5 https://pypi.python.org/pypi/xlrd/
6 http://openpyxl.readthedocs.io/en/latest/

코드 14-9 엑셀 파일 저장하기

```
In[9]:
heroes_excel.to_excel("examples/heroes2.xlsx", index=False)
```

깔끔하게 엑셀 파일이 저장됩니다.

14.4.3 데이터베이스

팬더스는 데이터베이스에 보낸 쿼리 실행 결과를 바로 DataFrame 타입 데이터로 가져올 수 있습니다. 앞서 두 파일 형식과 달리 이번에는 저장 시 따로 파일이 생성되지 않습니다. 기존에 존재하던 데이터베이스와 테이블을 사용할 겁니다.

먼저 데이터베이스와 연결합니다. 그리고 모든 데이터를 가져오는 쿼리를 작성합니다.

코드 14-10 데이터베이스 연결과 모든 데이터 가져오기

```
In[10]:
import sqlite3
conn = sqlite3.connect("examples/db.sqlite")

q = "select * from hanbit_books"
```

이제 앞 쿼리의 실행 결과를 바로 팬더스의 DataFrame 타입으로 가져오겠습니다. 팬더스에서 SQL 데이터를 읽는 read_sql( )을 사용합니다.

코드 14-11 데이터베이스 데이터 읽기

```
In[11]:
# 쿼리 문자열과 데이터베이스 연결을 전달합니다.
sql_df = pd.read_sql(q, con=conn)
sql_df.head()

Out[11]:
```

		title	author	translator	pub_date	isbn

```
| 0 | 책 이름   |   저자 이름 | 번역자 이름 |  2016-08-22 | 9788968480001 |
| 1 | 책 이름   |   책 이름   |   책 이름   |  2017-10-12 | 9788968480002 |
| 2 | 2016 전기~ |   김상훈    |     NaN     |  2016-05-04 | 9791156642466 |
| 3 | 2018 전기~ |  김상훈, ~  |     NaN     |  2017-08-07 | 9791156643234 |
| 4 | 2016 전기~ |   김상훈    |     NaN     |  2016-05-04 | 9791156642473 |
```

앞서 10장에서 생성한 데이터베이스 예제의 결과물이 그대로 있으므로 제대로 가져온 것을 확인할 수 있습니다.

DataFrame 타입 데이터 역시 CSV나 엑셀 파일처럼 팬더스를 이용해서 바로 데이터베이스에 저장해보겠습니다. 앞서 살펴봤던 예제와 달리 별도의 파일이 생성되는 것이 아니라 지정된 데이터베이스의 테이블에 새 행을 삽입합니다. 새로운 데이터베이스에 새 테이블을 저장하고 싶다면 데이터베이스 연결을 새로 만들어서 해당 데이터를 전달하면 됩니다.

코드 14-12 데이터베이스에 바로 삽입하기

```
In[12]:
# 테이블 이름, 데이터베이스 연결, 같은 이름의 테이블이 이미 있을 때 어떻게 할지 전달합니다.
# con에 전달할 데이터베이스 연결을 새로 지정하면 새로운 데이터베이스에 저장할 수 있습니다.
sql_df.to_sql("result_books", con=conn, if_exists='replace')
```

하지만 이 방법보다는 각 데이터베이스가 지원하는 덤프 삽입을 사용하는 것이 훨씬 빠르고 안정적입니다. 팬더스로 가공한 데이터가 너무 크다면 데이터베이스에 직접 연결해서 데이터를 넣는 도중에 타임아웃이 발생하거나, 그 외 에러가 발생했을 때 대처하기 힘들기 때문입니다. 따라서 중간 과정으로 앞에서 다룬 방법으로 CSV 파일 등을 하나 만들 것을 추천합니다.

TIP mockaroo(https://www.mockaroo.com/)라는 웹 사이트에서는 데이터 불러오기와 저장하기를 연습할 수 있는 모크업 데이터를 생성해서 받을 수 있습니다.

14.5 여러 가지 형태로 데이터 다루기

이제 데이터가 준비되었으니 14.5~14.7까지 데이터로 이것저것 해볼 것입니다. 이 절에서는 먼저 원하는 데이터를 가져오는 다양한 방법을 살펴볼 것입니다.

14.5.1 조건에 맞춰 데이터 선택해 가져오기

기껏 데이터를 만들었는데 그 안에서 따로 조건을 설정해 데이터를 선택할 수 없다면 매우 슬 픈 일이 될 것입니다. 팬더스는 슬픈 일이 일어나지 않도록 매우 손쉽게 데이터를 선택하는 방 법을 제공합니다. 팬더스의 Series 타입에서 특정 데이터를 선택해 가져올 때는 리스트에서 데이터를 선택하는 방식과 똑같이 데이터를 선택해 가져오면 됩니다.

코드 14-13 특정 인덱스(숫자)의 데이터 가져오기

```
In[13]:
# Series에서 0번째 데이터를 가져옵니다.
heroes_series[0]

Out[13]:
200
```

특정 인덱스의 데이터를 슬라이스(선택)해 가져오는 방법은 다음과 같습니다.

코드 14-14 특정 인덱스의 데이터 슬라이스해 가져오기

```
In[14]:
# 인덱스 3-6 사이의 값을 선택해 가져옵니다.
# 코드 14-13과 다르게 인덱스-데이터를 같이 표시합니다.
heroes_series[3:7]

Out[14]:
genji      200
hanjo      200
junkrat    200
lucio      200
dtype: int64
```

또한 특정 값(인덱스, 여기서는 ana, hanjo 등)과 연관된 데이터를 가져올 수도 있습니다.

코드 14-15 특정 인덱스(문자열)의 데이터 가져오기

```
In[15]
# dva라는 인덱스를 갖는 데이터를 가져옵니다.
heroes_series['dva']
```

```
Out[15]:
500
```

DataFrame 타입이라면 열 이름으로 데이터를 가져올 수 있습니다.

코드 14-16 열 이름으로 데이터 가져오기

```
In[16]:
# 열 이름이 name, position에 해당하는 데이터를 가져옵니다.
heroes_df[["name", "position"]]

Out[16]:
```

	name	position
0	ana	support
1	bastion	defense
2	dva	tank
〈중간 생략〉		
19	winston	tank
20	zaraya	tank
21	zenyatta	support

이렇게 다양한 조건에 맞춰 데이터를 선택해 가져오는 방법을 살펴봤습니다.

14.5.2 불리언 인덱싱

팬더스에서 데이터를 가져올 때는 불리언 인덱싱boolean indexing이라는 방법을 사용합니다. [ ]안에 들어가는 조건을 기준으로 데이터 프레임 안의 각 열을 순회하며 검사하는 것입니다.

코드 14-17 블리언 인덱싱 기본

```
In[17]:
# heroes_df의 health 열에서 250인 값을 가져옵니다.
heroes_df[heroes_df.health == 250]

Out[17]:
```

```
┌─────┬────────┬─────┬─────────┬──────────┐
│     │ health │ id  │    name │ position │
├─────┼────────┼─────┼─────────┼──────────┤
│  8  │    250 │  9  │     mei │ defense  │
│ 11  │    250 │ 12  │  reaper │ offense  │
└─────┴────────┴─────┴─────────┴──────────┘
```

이 경우에는 health 열의 값이 250인 name 값을 찾아서 돌려준 것입니다. [코드 14 −17]에서 [ ]안에 들어가는 부분만 따로 실행시켜보면 동작 원리를 좀 더 명확하게 알 수 있습니다.

코드 14-18 블리언 인덱싱의 조건 코드 실행

```
In[18]:
heroes_df.health == 250

Out[18]:
0      False
1      False
2      False
<중간 생략>
19     False
20     False
21     False
Name: health, dtype: bool
```

즉, 각 행을 검사해서 True냐 False냐를 판정한 후 해당하는 데이터를 돌려주는 것입니다. 이 방법은 Series 타입에도 마찬가지로 적용할 수 있습니다.

코드 14-19 Series 타입에 조건 적용하기

```
In[19]
# Series 타입 데이터 중 250 이상의 값을 선택합니다.
heroes_series[heroes_series >= 250]

Out[19]:
bastion      300
dva          500
mei          250
reaper       250
reinhardt    500
```

```
roadhog        600
winston        500
zarya          400
dtype: int64
```

앞서 DataFrame 타입은 Series 타입 데이터를 늘어 놓아 붙인 것이라고 설명한 바 있습니다. 다음 코드는 두 가지 조건을 결합해 불리언 인덱싱을 실행하는 것입니다.

코드 14-20 두 가지 조건을 결합해 불리언 인덱싱 실행

```
In[20]:
# position 열 값이 tank면서, health 열 값이 500 이상인 데이터만 선택합니다.
heroes_df[
    (heroes_df.position == "tank") & (heroes_df.health > 500)
]

Out[20]:
```

	health	id	name	position
13	600	14	roadhog	tank

참고로 불리언 인덱싱의 결과는 True나 False이므로 조건을 여러 개 설정할 때는 &&나 ||가 아니라 &, |를 사용해야 합니다.

14.5.3 인덱스 기준에 따라 데이터 다루기

DataFrame 타입의 [ ] 안에는 Series 타입에 대한 조건이 들어가야 합니다. 하지만 예외로 슬라이스만큼은 지원합니다. 이는 너무나 보편적인 데이터 선택 방법이기 때문입니다. 하지만 단 하나의 행만 선택하고 싶을 때가 있습니다. 그럴 때 사용하는 것이 iloc ( )[7]과 loc ( )[8]입니다. 이 두 함수는 비슷해 보이지만 약간의 차이가 있습니다.

---

7 https://pandas.pydata.org/pandas-docs/stable/generated/pandas.DataFrame.iloc.html
8 https://pandas.pydata.org/pandas-docs/stable/generated/pandas.DataFrame.loc.html

이 함수를 사용하기 전에 인덱스를 팬더스가 기본으로 주는 인덱스(0으로 시작하는) 말고 다른 거로 바꿔봅시다.

코드 14-21 인덱스 변경하기

```
In[21]:
# 인덱스를 id라는 열로 변경합니다.
heroes_df.set_index('id', inplace=True)
heroes_df.head()

Out[21]:
```

id	health	name	position
1	200	ana	support
2	300	bastion	defense
3	500	dva	tank
4	200	genji	offense
5	200	hanjo	defense

아까와는 달리 인덱스는 우리가 만들었던 id 열이 되었습니다. 그럼 loc( )과 iloc( )이 어떻게 다른지 살펴보겠습니다. 다음은 loc( )을 실행한 코드입니다.

코드 14-22 loc() 예제

```
In[22]:
# id 값이 3인 행 값을 모두 선택해 가져옵니다.
heroes_df.loc[3]

Out[22]:
health       500
name         dva
position     tank
Name: 3, dtype: object
```

다음은 iloc( )을 실행한 예제 코드입니다.

코드 14-23 iloc( ) 예제

```
In[23]:
# 인덱스가 3인 행 값을 모두 선택해 가져옵니다.
heroes_df.iloc[3]

Out[23]:
health          200
name          genji
position    offense
Name: 4, dtype: object
```

다른 점이 보이나요? loc( )는 인덱스의 현재 값을 기준으로 데이터를 가져옵니다. 따라서 id 행의 값이 3인 데이터를 가져왔죠. 하지만 iloc( )는 무조건 인덱스값의 기준을 0부터 시작하도록 강제합니다. 그래서 id가 3이라도 첫 인덱스값을 0으로 계산해서 3인 데이터를 가져왔습니다.

이러한 두 함수의 차이를 알아두면 인덱스값이 0부터 시작하지 않는 데이터를 다룰 때 매우 유용합니다.

14.6 데이터 병합하기

앞에서 사용한 방법으로 데이터를 가져오면 관련 있는 여러 개의 테이블이나 파일로 분리되어 있을 겁니다. 이럴 때 관련 있는 데이터를 합하려면 id를 키로 삼을 때가 많습니다. SQL로 이를 표현한다면 다음처럼 쿼리문을 작성할 겁니다.

```
select * from user_data as t1 join rate_date as t2 on t1.id = t2.user_id
```

위와 같은 병합 작업을 팬더스에서 하는 법을 알아보겠습니다. 또한 키를 기준으로 합치는 것뿐만 아니라 단순한 이어 붙이기도 살펴볼 겁니다.

14.6.1 merge()

데이터를 병합할 때 가장 일반적으로 사용하는 팬더스의 함수는 merge()[9]입니다. 데이터 사이에서 특정 기준에 따라 데이터를 병합하는 함수입니다. 이번에는 merge()의 몇 가지 활용법을 살펴보겠습니다.

먼저 적당한 DataFrame 타입의 변수 2개를 만들겠습니다.

코드 14-24 DataFrame 타입 변수 생성

```
In[24]:
t1 = pd.DataFrame({
        "id":[1, 2, 3, 4, 5],
        "left_val":["a", "b", "c", "d", "e"]
    })

t1

Out[24]:
```

	id	left_val
0	1	a
1	2	b
2	3	c
3	4	d
4	5	e

```
In[25]:
t2 = pd.DataFrame({
        "id":[3, 4, 5, 6, 7],
        "right_val":["q", "w", "e", "r", "t"]
    })

t2

Out[25]:
```

	id	right_val

---

9 https://pandas.pydata.org/pandas-docs/stable/generated/pandas.DataFrame.merge.html

```
|   0 |   3 |         q |
|   1 |   4 |         w |
|   2 |   5 |         e |
|   3 |   6 |         r |
|   4 |   7 |         t |
```

이제 이 두 DataFrame 타입을 id 값 기준으로 병합해보겠습니다. 코드는 간단합니다.

코드 14-25 merge()로 데이터 병합하기

```
In[26]:
pd.merge(t1, t2)

Out[26]:
```

	id	left_val	right_val
0	3	c	q
1	4	d	w
2	5	e	e

merge()의 파라미터로 병합할 DataFrame 2개를 전달했습니다. 이때 처음 전달한 DataFrame 타입 값이 왼쪽, 두 번째로 전달한 DataFrame 타입 값이 오른쪽에 위치합니다. 그 이후에 아무런 파라미터를 전달하지 않으면 두 DataFrame 타입에 공통으로 있는 열을 기준으로 데이터를 병합합니다. 만약 특정 열을 명시적 키로 삼고 싶다면 다음처럼 on 파라미터에 특정 열 이름을 작성해 호출하면 됩니다.

코드 14-26 특정 열을 명시적 키로 지정하기

```
In[27]:
pd.merge(t1, t2, on="id")

Out[27]:
```

	id	left_val	right_val

```
|  0  |  3  |          c  |          q  |
|  1  |  4  |          d  |          w  |
|  2  |  5  |          e  |          e  |
```

양쪽 DataFrame 타입에서 서로 다른 열을 기준으로 하고 싶다면 left_on과 right_on 파라미
터를 설정하면 됩니다.

코드 14-27 서로 다른 열을 기준으로 삼기

```
In[28]:
pd.merge(t1, t2, left_on="left_val", right_on="right_val")

Out[28]:

|   | id_x |  left_val |  id_y |  right_val |

|  0 |   5 |        e |   5 |        e |
```

merge( )는 기본적으로 양쪽 다 데이터가 있는 행만을 대상으로 합니다. 그런데 어떤 경우에
는 SQL의 left join이나 right join처럼 어느 한쪽에 데이터가 비어도 가져와야 할 경우가
있습니다. outer join이 필요할 때도 있겠죠. 이럴 때는 how라는 파라미터를 사용합니다.

코드 14-28 how 파라미터 사용 1

```
In[29]:
pd.merge(t1, t2, how='left')

Out[29]:

|   | id |  left_val |  right_val |

|  0 |  1 |        a |        NaN |
|  1 |  2 |        b |        NaN |
|  2 |  3 |        c |        q |
|  3 |  4 |        d |        w |
|  4 |  5 |        e |        e |
```

t1이라는 DataFrame 타입을 기준으로 정렬하므로 how='left'라고 설정했습니다. 그럼 반대의 경우도 살펴보겠습니다.

코드 14-29 how 파라미터 사용 2

```
In[30]:
pd.merge(t1, t2, how='right')

Out[30]:
```

	id	left_val	right_val
0	3	c	q
1	4	d	w
2	5	e	e
3	6	NaN	r
4	7	NaN	t

이번에는 t2라는 DataFrame 타입을 기준으로 정렬하므로 how='right'라고 설정했습니다. 다음은 두 DataFrame 타입의 모든 데이터를 순서에 맞게 병합하는 작업입니다.

코드 14-30 how 파라미터 사용 3

```
In[31]:
pd.merge(t1, t2, how='outer')

Out[31]:
```

	id	left_val	right_val
0	1	a	NaN
1	2	b	NaN
2	3	c	q
3	4	d	w
4	5	e	e
5	6	NaN	r
6	7	NaN	t

어렵지 않게 두 DataFrame 타입을 서로 병합했습니다.

14.6.2 concat()

merge()를 다룰 때는 주로 겹치는 열이 있는 DataFrame 타입을 서로 병합하는 상황을 살펴봤습니다. 그런데 완전히 동일한 열을 가진 DataFrame 타입을 병합하는 상황도 있을 겁니다. 예를 들어 같은 형식의 파일이 여러 개로 나뉘어 있는 상황이겠죠. 이럴 때는 concat()을 사용하면 됩니다.

먼저 14.6.1처럼 적당한 DataFrame 타입 2개를 만들어보겠습니다.

코드 14-31 DataFrame 타입 변수 생성

```
In[32]:
t3 = pd.DataFrame({
        "uid":[112, 113, 114, 115, 116],
        "value":["abc", "qwe", "asd", "zxc", "rty"]
    })

t3

Out[32]:
```

	uid	value
0	112	abc
1	113	qwe
2	114	asd
3	115	zxc
4	116	rty

```
In[33]:
t4 = pd.DataFrame({
        "uid":[3939, 3940, 3941, 3942, 3945],
        "value":["power", "over", "whelming", "Cheers, love!", "The cavalry's here!"]
    })

t4

Out[33]:
```

	uid	value

```
| 0 | 3939 |          power |
| 1 | 3940 |           over |
| 2 | 3941 |       whelming |
| 3 | 3942 |   Cheers, love! |
| 4 | 3945 | The cavalry's here! |
```

이제 t3과 t4를 이어보겠습니다.

코드 14-32 두 DataFrame 타입 데이터 연결

```
In[34]
pd.concat([t3, t4])

Out[34]:
```

```
|   | uid |          value |
|---|-----|----------------|
| 0 | 112 |            abc |
| 1 | 113 |            qwe |
| 2 | 114 |            asd |
| 3 | 115 |            zxc |
| 4 | 116 |            rty |
| 0 | 3939 |         power |
| 1 | 3940 |          over |
| 2 | 3941 |      whelming |
| 3 | 3942 |  Cheers, love! |
| 4 | 3945 | The cavalry's here! |
```

이렇게 동일한 열이 있는 DataFrame 타입을 병합해봤습니다.

TIP 팬더스 개발 문서의 'Merge, join, and concatenate[10]'에서는 더 다양한 DataFrame 타입의 병합 작업을 확인할 수 있습니다.

---

10 http://pandas.pydata.org/pandas-docs/stable/merging.html

14.7 데이터 분석하기

앞에서 원하는 데이터를 가져오고 병합해봤습니다. 하지만 아직 부족합니다. 같은 값이 있는 행끼리 그룹을 짓고 이 데이터를 좀 더 분석해야 데이터에서 정보를 캐낼 수 있는 거니까요. 이 번 절에서는 DataFrame 타입을 그룹화하고 다양한 형태로 분석하는 방법을 살펴보겠습니다.

14.7.1 그룹화하기

여기에서는 책에서 제공하는 예제 파일의 ch14/examples 안 dummy.csv를 사용하겠습니다. 뒤에 등장하는 결과를 이해하려면 미리 파일 안 데이터 형태를 살펴보길 권합니다. 데이터는 성별, 나라, 날짜, 레벨, 버전으로 구성되어 있습니다.

이제 이 CSV 파일의 날짜 형식을 팬더스가 계산할 수 있는 타입으로 바꾸겠습니다.

코드 14-33 날짜 형식을 계산할 수 있는 타입으로 바꾸기

```
In[35]:
dummy_data = pd.read_csv("examples/dummy.csv")

# 이 행으로 yyyy-mm-dd 형식의 문자열을 팬더스가 계산할 수 있는 datetime 타입으로 만들어줍니다.
dummy_data["df_date"] = pd.to_datetime(dummy_data["date"])
dummy_data.head()

Out[35]:
```

	id	gender	country	date	level	version	df_date
0	1	Female	Czech Republic	2016-06-11	71	5.1.6	2016-06-11
1	2	Male	Ukraine	2016-09-07	58	0.2.5	2016-09-07
2	3	Female	Philippines	2016-03-26	18	7.1.9	2016-03-26
3	2	Male	Greece	2016-03-23	88	0.4.4	2016-03-23
4	2	Male	Indonedia	2016-08-07	21	9.0.7	2016-08-07

그룹화할 때는 DataFrame 타입에 groupby( )를 사용하면 됩니다. SQL을 다뤄봤다면 친숙한 이름일 겁니다.

코드 14-34 groupby() 예제

```
In[36]:
by_contry = dummy_data.groupby("contry")
by_contry

Out[36]:
<pandas.core.groupby.DataFrameGroupBy object at 0x1094ea668>
```

그럼 또 다른 DataFrame 타입 데이터가 생성되는 것이 아니라 DataFrameGroupBy 클래스의 객체가 됩니다. 이제 이걸로 여러 가지를 해볼 수 있습니다.

count()를 하면 특정 열로 데이터를 묶었을 때 행 개수가 몇 개인지를 보여줍니다.

코드 14-35 count()로 특정 열 값이 있는 행 개수 구하기

```
In[37]:
by_contry.count().head()

Out[37]:
```

country	id	gender	date	level	version	df_date
Afghanistan	2	2	2	2	2	2
Albania	5	5	5	5	5	5
Argentina	15	15	15	15	15	15
Armenia	7	7	7	7	7	7
Australia	2	2	2	2	2	2

이 경우 값이 비어 있던 열이 없었으므로 위와 같이 모든 행의 값이 같게 나왔습니다.

특정 열로 그룹화한 행 개수만을 알고 싶다면 size()를 사용할 수 있습니다.

코드 14-36 size()로 특정 열 값으로 그룹화한 행 개수 구하기

```
In[38]:
by_contry.size().head()
```

```
Out[38]:
contry
Afghanistan     2
Albania         5
Argentina      15
Armenia         7
Australia       2
dtype: int64
```

이렇게 바로 사용할 수 있게끔 준비된 함수 종류는 다음과 같습니다.

- **mean()**: 그룹 각 열의 평균값을 구합니다.
- **median()**: 그룹 각 열의 중간값을 구합니다.
- **sum()**: 그룹 각 열의 합을 구합니다.
- **min()**: 그룹 각 열의 최솟값을 구합니다.
- **max()**: 그룹 각 열의 최댓값을 구합니다.
- 그 외의 함수들.

다음은 max ( ) 함수를 이용해 그룹 각 열의 최댓값을 구한 예입니다.

코드 14-37 나라별 각 열의 최댓값을 구하기

```
In[39]:
by_contry.max().head()

Out[39]:
```

	id	gender	date	level	version	df_date
country						
Afghanistan	483	Male	2016-05-05	79	4.5.8	2016-05-05
Albania	935	Male	2016-08-04	72	3.99	2016-08-04
Argentina	982	Male	2016-08-25	100	8.3	2016-08-25
Armenia	970	Male	2016-06-26	100	7.82	2016-06-26
Australia	213	Female	2016-04-19	97	0.84	2016-04-19

한 번에 여러 개의 인덱스로 그룹화할 수도 있습니다.

코드 14-38 여러 개 인덱스로 그룹화하기

```
In[40]:
# position 열로 먼저 그룹화하고 그 안에서 health 열을 한 번 더 그룹화합니다.
multi_indexed = heroes_df.groupby(['position', 'health'])

# 앞 groupby로 그룹화된 데이터를 설명하는 내용을 출력합니다.
# 각 그룹 안의 전체 정보(개수, 유일한 값의 개수, 최댓값을 가진 인덱스, 출현 빈도)를 보여줍니다.
multi_indexed.describe()
```

Out[40]:

		name			
		count	unique	top	freq
position	health				
defense	200	4	4	count	1
	250	1	1	mei	1
	300	1	1	bastion	1
〈중간 생략〉					
tank	400	1	1	zarya	1
	500	3	3	winston	1
	600	1	1	roadhog	1

describe( )는 여러 가지 수치들을 계산해 한 번에 보여줍니다.

코드 14-39 describe()를 다른 데이터에 실행하기

```
In[41]:
by_contry.describe().head()
```

Out[41]:

	id				level			
country	count	mean	~	max	count	mean	~	max
Afghanistan	2.0	460.500000	~	483.0	2.0	75.000000	~	79.0

```
|   Albania |  5.0 | 634.800000 | ~ | 935.0 |  5.0 | 53.800000 | ~ |  72.0 |
| Argentina | 15.0 | 484.266667 | ~ | 982.0 | 15.0 | 50.466667 | ~ | 100.0 |
|   Armenia |  7.0 | 691.428571 | ~ | 970.0 |  7.0 | 61.428571 | ~ | 100.0 |
| Australia |  2.0 | 114.500000 | ~ | 213.0 |  2.0 | 81.000000 | ~ |  97.0 |
```

그리고 get_group( )를 이용해서 특정 그룹의 데이터들만 DataFrame 타입 데이터로 가져올 수도 있습니다.

코드 14-40 get_group( )에 South Korea를 설정해 실행하기

```
In[42]:
by_contry.get_group('South Korea')

Out[42]:
```

		date	df_date	gender	id	level	version
38	2016-08-11	2016-08-11	Female	39	19	0.99
189	2016-08-25	2016-08-25	Male	190	66	0.74
734	2016-08-21	2016-08-21	Male	735	34	4.9

14.7.2 agg( )와 apply( ) 함수로 데이터 가공하기

단순히 데이터를 그룹화해서는 아무것도 할 수 없겠죠. 적절히 의도에 맞게 데이터를 가공하는 법을 배워보겠습니다.

특정 열에 대해 여러 가지 연산을 하고고 싶을 때는 agg( )[11]를 사용하면 됩니다. 파이썬 딕셔너리 타입을 파라미터로 전달합니다. 자세한 사용 방법은 코드를 보는 것이 빠릅니다.

코드 14-41 딕셔너리 타입을 사용하는 agg( ) 예제

```
In[43]:
by_contry.agg(
    {
```

---

11 https://pandas.pydata.org/pandas-docs/stable/generated/pandas.core.groupby.DataFrameGroupBy.agg.html

```
        # 적용할 열 이름을 딕셔너리의 키로 넣습니다.
        "level":
        # 적용시킬 함수를 리스트로 전달합니다.
        [
            # ("<레이블이름>", <적용할함수>)
            ("합계", np.sum),
            # <적용할함수>
            np.mean,
        ]
    }
)[3:9]
```

Out[43]:

		level	
	합계	<function mean at 0x10760b0b0>	
country			
Afghanistan	430	61.428571	
Australia	162	81.000000	
Azerbaijan	96	48.000000	
Bangladesh	100	100.000000	
Belarus	223	74.333333	
Belgium	18	18.000000	

레이블 이름과 함수를 튜플로 묶어서 전달하거나 함수 이름만 전달할 수 있습니다.

코드 14-42 나라별로 level 열의 중간값(median) 구하기

```
In[44]:
by_contry.agg(
    {
        "level":
        [
            np.size, np.median
        ]
    }
)[3:9]
```

Out[44]:

		level	
		size	median
country			
Armenia	7	59.0
Australia	2	81.0
Azerbaijan	2	48.0
Bangladesh	1	100.0
Belarus	3	68.0
Belgium	1	18.0

만약 튜플로 열 이름을 지정해 전달하지 않고 그냥 함수로만 전달하면, 바로 함수 이름을 열 이름으로 사용합니다.

코드 14-43 나라별 level의 제곱 합 구하기

```
In[45]:
def sum_of_pow(s:pd.core.series.Series):
    # 각 그룹의 해당 열 Series 타입 데이터로 전달받습니다.
    return sum([i ** 2 for i in s])

by_contry.agg({"level":[sum_of_pow]}).tail()
```

Out[45]:

	level	
	sum_of_pow	
country		
Vietnam	19222
Wallis and Futuna	8100
Yemen	11381
Zambia	7921
Zimbabwe	8836

이제 각 그룹의 값에 특정 연산을 실행하는 법을 알았습니다. 하지만 여러 개의 열에 작업하려면 agg( )만으로는 부족합니다.

이때 사용하는 것이 apply( )[12]입니다. 이를 이용하면 SQL에서 복잡한 쿼리문을 작성해야 할 작업을 팬더스에서 간단하게 할 수 있습니다. 예를 들면 해당 그룹 안의 제일 큰 날짜와 제일 작은 날짜를 구해서 차이를 계산하는 등입니다. 이 예제에서는 같은 열을 사용하지만 다른 열을 사용해 값을 반환하면 결과를 만들 수 있습니다.

코드 14-44 나라별로 날짜의 최댓값과 최솟값의 차이 구하기

```
In[46]:
def get_diff_date(df : pd.core.frame.DataFrame):
    # apply()로 전달하는 함수의 파라미터는 각 그룹의 DataFrame 타입 데이터입니다.
    return df.df_date.max() - df.df_date.min()

by_contry.apply(get_diff_date)[30:39]

Out[46]:
contry
Ecuador              0 days
Egypt              170 days
El Salvador          0 days
Equatorial Guinea    0 days
Estonia              0 days
Ethiopia             0 days
Finland            233 days
France             361 days
Gambia               0 days
dtype: timedelta64[ns]
```

이렇게 각 그룹 안에서 연산해서 결과를 만들 수 있습니다. 앞서 배운 merge( )를 사용하여 원래의 데이터프레임에 그룹의 계산 결과를 덧붙이거나 할 수도 있겠죠. 이를 조금 더 응용하면 코호트 분석도 가능합니다.

---

12 https://pandas.pydata.org/pandas-docs/stable/generated/pandas.DataFrame.apply.html

14.7.3 그래프 그리기

데이터를 보여주는 좋은 방법 중 하나는 그래프를 그리는 것입니다. 팬더스에는 그래프를 그리는 기능을 내장하고 있지 않으므로 외부 그래프 패키지를 이용합니다. 하지만 데이터를 시각화하는 것은 데이터를 이해하는 데 좋은 방법이므로 여기서 짤막하게 다뤄보겠습니다.

> **TIP** 시각화의 자세한 기법은 팬더스 개발 문서의 'Visualization[13]'을 참고하세요.

파이썬에서 그래프를 그릴 때 사용하는 대표적인 라이브러리로는 matplotlib[14]가 있습니다. 이를 불러와야 합니다. 다음 명령을 참고해 설치합니다.

```
$ pip install matplotlib
```

그리고 Jupyter Notebook 상에서 바로 그래프를 표시할 수 있는 매직 명령어를 작성해 실행합니다.

코드 14-45 %matplotlib inline 매직 명령어 실행

```
In[47]:
%matplotlib inline
```

이제 Jupyter Notebook에서 팬더스를 이용해 그래프를 그릴 준비는 끝났습니다. 다음 코드를 실행해 지금까지 다룬 데이터의 그래프를 그리겠습니다.

코드 14-46 그래프 그리기

```
In[48]
heroes_df.set_index("name", inplace=True)
heroes_df.sort_values(by="health", inplace=True)
heroes_df.plot(kind="bar", x="position", y="health")

Out[48]:
<matplotlib.axes._subplots.AxesSubplot at 0x10a28e8d0>
```

---

13 http://pandas.pydata.org/pandas-docs/stable/visualization.html
14 https://matplotlib.org/

그림 14-1 그래프 출력

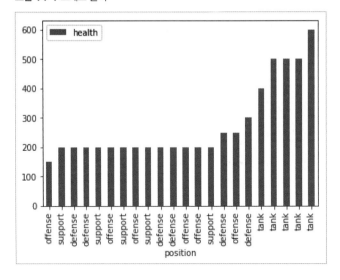

이렇게 간단하게 그래프도 그려보았습니다.

이제 팬더스로 할 수 있는 기본 데이터 분석 방법의 소개가 끝났습니다. 여기서 더 나아가려면 팬더스 개발 문서[15]를 참고하기 바랍니다. 또한 팬더스 및 파이썬으로 데이터 분석을 하려는 분이라면 이를 자세하게 소개하는 『파이썬 라이브러리를 활용한 데이터 분석』(한빛미디어, 2013)을 참고하는 것도 권합니다.

---

15 https://pandas.pydata.org/pandas-docs/stable/

## CHAPTER 15

Open API로 매시업 API 서버 만들기

페이스북, 트위터, 인스타그램, 네이버, 카카오 등에서는 자사의 서비스 일부를 자유롭게 사용할 수 있도록 API를 제공합니다. 그러한 API를 Open API[1]라고 합니다. Open API는 대부분 값을 요청하고 받아오는 데 초점이 맞춰져 있습니다. 다른 점은 주로 요청할 때의 권한 확인, 결과를 받을 때의 포맷 지정 등입니다.

Open API를 여러 가지 조합하면 창의적인 서비스를 만들 수 있습니다. 이는 Open API를 공개하는 또 하나의 목적이기도 합니다. 이 장에서는 네이버와 카카오 Open API의 접근 권한을 획득하고 사용하는 방법을 다뤄본 후, The Movie Database의 Open API까지 조합해 매시업 사이트의 기반이 되는 API 서버를 만들어보겠습니다.

15.1 접근 권한 획득하기

API를 사용하기 전에는 해당 API를 요청할 수 있는 권한이 있어야 합니다. Open API를 제공하는 서비스는 별도의 개발자 페이지가 있으므로 해당 페이지에서 신청할 수 있습니다. 여기서는 예로 카카오와 네이버를 살펴볼 것입니다.

그리고 각각의 포털이 제공하는 API로 책 정보를 검색해보겠습니다.

---

[1] https://ko.wikipedia.org/wiki/오픈_API

15.1.1 카카오 API 키 획득하기

먼저 Kakao Developers[2]에 접속해서 로그인합니다. 그리고 하단의 [앱 개발 시작하기]를 누릅니다.

그림 15-1 새 앱 개발 시작

앱 이름은 적당히 지어줍니다. 필자의 경우 'openapiapp'이라고 지었습니다.

그림 15-2 앱 이름 짓기

네이티브 앱 키, REST API 키, JavaScript 키, Admin 키를 확인할 수 있습니다. 이제 이 키를 이용해 요청을 할 수 있습니다. 여기서는 여러 가지 키 중 REST API 키를 사용할 겁니다.

---

2 https://developers.kakao.com

그림 15-3 API 키 확인

15.1.2 네이버 API 키 획득하기

네이버 개발자 센터[3]에 접속해서 로그인합니다. 그리고 상단 메뉴에서 [Application] 메뉴로 들어갑니다. 그리고 왼쪽 메뉴에서 [애플리케이션 등록]을 선택합니다.

그림 15-4 애플리케이션 등록 선택

이용 약관 동의, 본인 인증 등 기본 개인 정보를 입력한 후 [애플리케이션 이름]과 [사용 API], [비로그인 오픈 API 서비스 환경]에 각각 정보를 입력합니다. 참고로 [웹 서비스 URL]은 일단

---

3 https://developers.naver.com

아무 주소든 하나 넣고 아래의 [등록하기]를 누릅니다.

그림 15-5 애플리케이션 등록

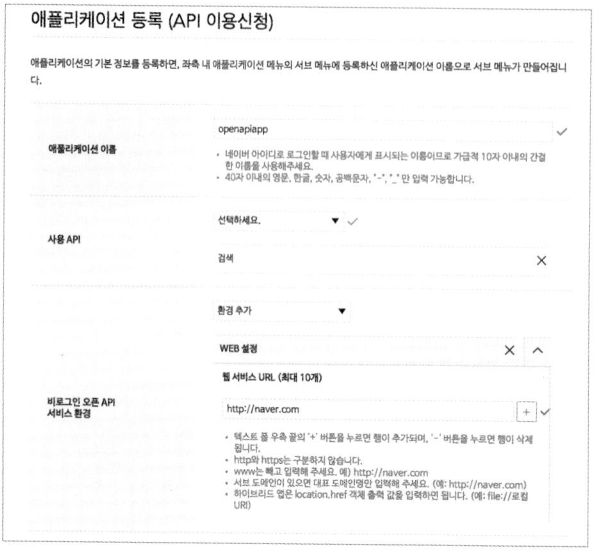

애플리케이션이 생성되면 애플리케이션 관리 화면으로 넘어갑니다. 여기서 애플리케이션 정보의 [Client ID]와 [Client Secret]을 따로 복사해둡니다. 이 인증 정보를 이용해 요청을 하게됩니다.

그림 15-6 애플리케이션 정보 확인

15.2 데이터 요청하기와 표시하기

이제 앞에서 획득한 인증 정보로 데이터를 요청해보겠습니다. Daum과 네이버 둘 다 책 검색에 '윤웅식'을 검색해볼 것입니다.

15.2.1 Daum

Daum은 API 키만 이용해서 요청을 할 수 있습니다. 따라서 이 주소를 그대로 주소표시줄에 넣으면 웹 브라우저로도 요청을 하는 셈이 됩니다.

카카오 개발자 페이지에서 책 검색 API[4]가 어떻게 되어 있는지 확인해보겠습니다. 먼저 기본 요청 정보입니다.

```
[Request]
GET /v2/search/book HTTP/1.1
Host: dapi.kakao.com
Authorization: KakaoAK {app_key}
```

GET 방식을 사용한다는 것과 어떤 dapi.kakao.com 호스트에 /v2/search/book 경로로 요청한다는 것을 알 수 있습니다. 인증 헤더로 KakaoAK <발급받은RESTAPIKey>를 요구하는 것도 알 수 있습니다.

앞서 슬랙 봇을 만들 때 이용했던 requests 패키지를 이용해서 요청할 것입니다.

코드 15-1 카카오 API에서 책 검색 데이터 가져오기

```
In[1]:
import requests
import json

url = "https://dapi.kakao.com/v2/search/book"
querystring = {"query":"윤웅식"}
header = {'authorization': 'KakaoAK <REST API 키>'}
r = requests.get(url, headers=header, params=querystring)
```

---

4 https://developers.kakao.com/docs/restapi/search#책-검색

```
json.loads(r.text)

Out[1]
{'documents': [{'authors': ['윤웅식'],
    'barcode': 'BOK00027044995YE',
    'category': '컴퓨터/IT',
    'contents': '이 책이 제시하는 핵심 내용 Git과 GitHub를 이용한 버전 관리 시스템을 다루는
                방법을 배우는 입문서다. 1부는 버전 관리 시스템과 Git 고유의 명령어 중심으로 Git
                의 기본 개념을 배운다...',
〈중간 생략〉
    'title': '만들면서 배우는 Git + GitHub 입문',
    'translators': [],
    'url': 'http://book.daum.net/detail/book.do?bookid=BOK00027044995YE'}],
  'meta': {'is_end': True, 'pageable_count': 1, 'total_count': 1}}
```

결과의 각 키 값에 대한 설명 또한 책 검색 문서에 있습니다. [그림 15-7]은 그 일부입니다.

그림 15-7 결과의 각 키 값 의미

meta		
키	설명	타입
total_count	검색어에 검색된 문서수	Integer
pageable_count	total_count 중에 노출가능 문서수	Integer
is_end	현재 페이지가 마지막 페이지인지 여부. 값이 false이면 page를 증가시켜 다음 페이지를 요청할 수 있음.	Boolean

전체 내용은 책 검색 문서의 [Response] 항목을 참고하기 바랍니다.

크게 어려운 점은 없습니다. 인증 정보와 쿼리, 출력 형식을 지정해서 해당 주소로 호출하는 것뿐입니다. 이제 응답 결과인 JSON 데이터로 원하는 작업을 하면 됩니다.

15.2.2 네이버

네이버는 '검색 〉 블로그[5]'에서 기본적인 이용 방법을 볼 수 있습니다. 프로그래밍 언어별로 요청 코드를 볼 수 있지만 우리가 관심을 가져야 할 건 파이썬입니다. 먼저 '0. API 호출 예제'의 파이썬 코드를 살펴보겠습니다.

---

5 https://developers.naver.com/docs/search/blog

코드 15-2 네이버 블로그 검색 예제

```python
# 네이버 검색 API 예제는 블로그를 비롯해 전문 자료까지 호출 방법이 동일하므로
# 블로그 검색만 대표로 소개합니다.
# 네이버 검색 Open API 예제 - 블로그 검색
import os
import sys
import urllib.request
client_id = "YOUR_CLIENT_ID"
client_secret = "YOUR_CLIENT_SECRET"
encText = urllib.parse.quote("검색할 단어")
url = "https://openapi.naver.com/v1/search/blog?query=" + encText # JSON 결과
# url = "https://openapi.naver.com/v1/search/blog.xml?query=" + encText # xml 결과
request = urllib.request.Request(url)
request.add_header("X-Naver-Client-Id",client_id)
request.add_header("X-Naver-Client-Secret",client_secret)
response = urllib.request.urlopen(request)
rescode = response.getcode()
if(rescode==200):
    response_body = response.read()
    print(response_body.decode('utf-8'))
else:
    print("Error Code:" + rescode)
```

[코드 15-2]에서 url, client_id, client_secret만 [그림 15-6]에서 얻은 정보로 바꿔주면 됩니다.

하지만 꼭 [코드 15-2]대로만 할 필요는 없습니다. 앞서 크롤링을 배울 때 사용했던 requests 패키지로 우리가 원하는 코드를 만들겠습니다.

코드 15-3 네이버 API에서 책 검색 데이터 가져오기

```python
In[2]:
import requests
import json

url = "https://openapi.naver.com/v1/search/book.json?"
client_id = "<Client ID>"
client_secret = "<Client Secret>"
q = "query=" + "윤웅식"
```

```
headers = {
    "X-Naver-Client-Id":client_id,
    "X-Naver-Client-secret":client_secret
}

r = requests.get(url+q, headers=headers)
json.loads(r.text)

Out[2]:
{'display': 1,
 'items': [{'author': '<b>윤웅식</b>',
    'description': '『GIT GITHUB 입문』은 GIT과 GITHUB를 이용한 버전 관리 시스템을 다루는
                    방법을 배우는 입문서다. 버전 관리 시스템과 GIT 고유의 명령어 중심으로 GIT의
                    기본 개념 및 GIT 기반의 대표적인 원격 저장소인 GITHUB에 가입해보고 사용하는
                    방법을 살펴본다. 또한 개발 환경에서 많이... ',
    'discount': '25200',
<중간 생략>
 'lastBuildDate': 'Sun, 22 Oct 2017 23:13:49 +0900',
 'start': 1,
 'total': 1}
```

결과의 각 키 값에 대한 설명은 네이버 개발자 페이지의 [서비스 API] → [검색] → [책] → [4.
출력 결과][6]를 참고하기 바랍니다. [그림 15-8]은 그 일부입니다.

그림 15-8 네이버 개발자 페이지 책 검색 항목의 출력 결과

4. 출력 결과		
요청 변수	값	설명
rss	-	디버그를 쉽게 하고 RSS 리더기만으로 이용할 수 있게 하기 위해 만든 RSS 포맷의 컨테이너이며 그 외의 특별한 의미는 없다.
channel	-	검색 결과를 포함하는 컨테이너이다. 이 안에 있는 title, link, description 등의 항목은 참고용으로 무시해도 무방하다.
lastBuildDate	datetime	검색 결과를 생성한 시간이다.

이렇게 카카오와 네이버의 Open API를 사용하는 키를 생성하고 간단한 사용 예를 살펴봤습
니다. 이제 본격적으로 매시업 API 서버를 만들어보겠습니다.

----

6 https://developers.naver.com/docs/search/book/

15.3 매시업 API 서버 만들기

여러 서비스가 제공하는 API를 이용해서 하나의 앱을 만들어내는 것을 매시업Mashup[7]이라고 합니다. 구글 맵 위에 정보를 마킹해서 보여준다거나, 여러 API의 정보를 종합해서 요약하는 것이 매시업에 해당합니다.

여기서는 두 가지 서비스의 API를 이용해서 매시업 API 서버를 만들어보겠습니다. 이렇게 다양한 서비스를 엮을 수 있다는 것을 중심으로 확인하면 됩니다.

TIP ProgrammableWeb[8]에서는 각종 서비스에서 제공하는 API를 살펴볼 수 있습니다.

15.3.1 영화 정보를 모아서 보여주기

이제 영화 정보를 보여주는 서비스를 만들어보겠습니다. 검색어를 받아서 카카오, 네이버, The Movie Database에서 영화 정보를 가져온 후 깔끔히 정리하는 서비스를 만들 것입니다.

카카오, 네이버, The Movie Database의 API 키는 다음의 페이지에서 얻을 수 있습니다.

- 카카오: https://developers.kakao.com/apps
- 네이버: https://developers.naver.com/apps/#/register
- The Movie Database: https://www.themoviedb.org/settings/api

3개 사이트 모두 별도의 복잡한 과정 없이 손쉽게 API 키를 요청할 수 있습니다.

TIP The Movie Database에서 API 키를 얻으려면 회원 가입과 로그인을 해야 합니다. 또한 자세한 개발 내용을 확인하고 싶다면 The Movie Database API[9]를 참고하기 바랍니다.

일단 각각의 서비스에서 제공하는 정보들이 무엇인지 알아보겠습니다. 카카오는 REST API 개발 가이드의 검색[10]을 참고하면 됩니다. 아쉽게도 카카오에서는 영화 검색을 제공하지 않습니다. 하지만 동영상 검색이 있네요. 영화 제목을 넣어 관련 영상들을 모을 수 있을 거 같습니다.

---

7 https://ko.wikipedia.org/wiki/매시업_(웹_개발)
8 https://www.programmableweb.com/
9 https://developers.themoviedb.org/3/getting-started
10 https://developers.kakao.com/docs/restapi/search

카카오 REST API 개발 가이드의 동영상 검색의 요청 관련 기본 정보는 다음과 같습니다.

```
[Request]
GET /v2/search/vclip HTTP/1.1
Host: dapi.kakao.com
Authorization: KakaoAK {app_key}
```

책 검색 항목과 비교했을 때 GET 관련 경로가 다른 것을 제외하면 같습니다. 결과의 각 키 값에 대한 설명 또한 동영상 검색 문서의 [Response] 항목을 참고하기 바랍니다.

네이버가 제공하는 정보는 '검색 〉 영화[11]'를 참고해서 알 수 있습니다. 제목, 영어 제목, 개봉연도, 감독, 출연 배우, 평점이라는 꼭 필요한 개발 정보만 있으므로 깔끔하다는 느낌이 듭니다.

[2. API 기본 정보]를 살펴보면 요청 메서드와 URL을 알 수 있고, [3. 요청 변수]는 어떤 쿼리를 요청할 수 있는지, 어떤 값을 넣어야 할지도 잘 알려줍니다. [4. 출력 결과]는 카카오 개발 가이드의 [Response] 항목과 같은 결과의 각 키 값이 어떤 의미인지 설명합니다. [그림 15-9]는 그 일부입니다.

그림 15-9 네이버 영화의 API 기본 정보

4. 출력 결과		
요청 변수	값	설명
rss	–	디버그를 쉽게 하고 RSS 리더기만으로 이용할 수 있게 하기 위해 만든 RSS 포맷의 컨테이너이며 그 외의 특별한 의미는 없다.
channel	–	검색 결과를 포함하는 컨테이너이다. 이 안에 있는 title, link, description 등의 항목은 참고용으로 무시해도 무방하다.
lastBuildDate	datetime	검색 결과를 생성한 시간이다.

마지막으로 The Movie Database의 정보입니다. 개발 문서의 'Movies[12]'에 접속한 후 [MOVIES] 메뉴의 하위 항목을 살펴보겠습니다.

---

11 https://developers.naver.com/docs/search/movie/
12 https://developers.themoviedb.org/3/movies

그림 15-10 MOVIES 메뉴의 하위 항목

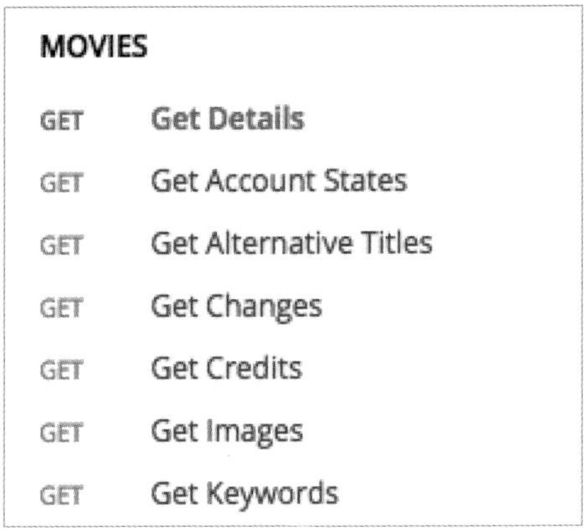

MOVIES

GET   **Get Details**

GET   **Get Account States**

GET   **Get Alternative Titles**

GET   **Get Changes**

GET   **Get Credits**

GET   **Get Images**

GET   **Get Keywords**

개발자 입장에서는 제일 마음에 듭니다. 우선 메뉴에 어떤 요청 메서드를 사용해야 하는지 잘 나타나 있습니다. 그리고 영화와 비슷한 영화, 그 영화에 기반을 둔 추천 영화까지 얻어올 수 있는 API가 있습니다. 여기서는 추천 영화와 비슷한 영화를 가져오면 좋을 거 같습니다.

여기서 알아야 할 API를 정리하면 다음과 같습니다.

- **Recommendations**: 특정 영화와 관련 있는 추천 영화를 얻어올 수 있는 API 설명 페이지입니다.[13]
- **Similar Movies**: 특정 영화와 비슷한 영화를 얻어올 수 있는 설명 페이지입니다.[14]

그런데 앞 2개 문서 제목에 있는 경로를 살펴보면 /movie/{movie_id}/recommendations와 /movie/{movie_id}/similar라고 표기되어 있습니다. 센스 있는 분이라면 {movie_id}를 또 다른 API에서 얻어야 한다는 사실을 알 수 있을 겁니다. 이는 영화 검색에서 얻어올 수 있습니다.

왼쪽 메뉴에서 [Search] → [Search Movies]를 클릭하면 영화를 검색할 수 있는 API의 설명 페이지가 나타납니다. 문서의 [Responses] 항목에 있는 [object] → [results] → [id]의 값으로 movie_id를 가져올 수 있습니다.

---

13 https://developers.themoviedb.org/3/movies/get-movie-recommendations

14 https://developers.themoviedb.org/3/movies/get-similar-movies

그림 15-11 Search Movies의 Responses 항목 정보

Responses	application/json		
● 200	Schema Example		⤢ collapse all
● 401	object		
● 404	page	integer	optional
	▾ results	array[object] (Movie List Result Object)	optional
	poster_path	string or null	optional
	adult	boolean	optional
	overview	string	optional
	release_date	string	optional
	genre_ids	array[integer]	optional
	id	integer	optional
	original_title	string	optional
	original_language	string	optional

이제 가져올 수 있는 것들이 무엇인지 알았으니 전체적인 밑그림을 그려보겠습니다.

- 관련 동영상 검색 정보는 카카오의 동영상 검색을 이용합니다.
- 영화 기본 정보는 네이버의 영화 검색을 이용합니다.
- The Movie Database에서는 비슷한 영화, 추천 영화를 가져옵니다.

이 구조대로 코드를 작성해보겠습니다.

15.3.2 영화 검색 결과 가져오기

그럼 각각의 서비스에서 원하는 영화 검색 결과를 가져오는 일련의 함수들을 만들어봅시다. 먼저 requests 패키지와 json 패키지를 불러온 후 Daum에서 동영상을 검색하는 함수를 만듭시다. 파일 이름은 movie_search.py라고 정했습니다.

코드 15-4 Daum에서 동영상 검색 정보 가져오기

```
In[1]:
%%writefile movie_search.py
import requests
import json
from difflib import SequenceMatcher
import re

def get_kakao_video_search(q) :
```

```
    url = "https://dapi.kakao.com/v2/search/vclip"

    querystring = {"query":q}

    # 각자 발급받은 키를 입력합니다.
    header = {'authorization': 'KakaoAK <REST API 키>'}

    response = requests.request("GET", url, headers=header, params=querystring)
    result_json = json.loads(response.text)

    if result_json['meta']['total_count']> 0:
        kakao_videos = [{'url' : i['url'], 'thumbnail':i['thumbnail'],
            'title':i['title']} for i in result_json['documents']]
    else :
        kakao_videos = []
    return kakao_videos
```

이어서 The Movie Database에서 비슷한 영화 혹은 추천 영화를 가져오는 함수입니다.

코드 15-5 The Movie Database에서 영화 정보 가져오기

```
def get_themoviedb_info(eng_title) :
    themoviedb_url = "https://api.themoviedb.org/3/search/movie"
    p = {
        "api_key":"<API 키>",
        "query":eng_title
    }

    response = requests.get(themoviedb_url, params=p)

    # 첫 번째 결과만 가져오겠습니다.
    themoviedb_result = json.loads(response.text)
    if themoviedb_result['total_results'] > 0 :
        item = themoviedb_result['results'][0]
    else :
        item = None

    return item
```

네이버에서 영화 정보를 가져오는 함수입니다.

```python
def get_naver_movie_info(q) :
    url = "https://openapi.naver.com/v1/search/movie.json"

    p = {"query":q}

    headers = {
        'x-naver-client-id': "<Client ID>",
        'x-naver-client-secret': "<Client Secret>"
        }

    response = requests.get(url, headers=headers, params=p)

    naver_result = json.loads(response.text)
    items = naver_result['items']

    if naver_result['total'] == 0 :
        return None

    for i in range(len(items)):
        # 사용자가 입력한 검색어와 각 영화의 제목을 비교해서 비슷할수록 높은 점수를 매깁니다.
        items[i]['title_similarity'] = SequenceMatcher(
            a = q, b = items[i]['title']).ratio()

    # 바로 앞에서 계산한 유사도 점수가 가장 높은 항목을 돌려줍니다.
    # 검색어와 제일 비슷한 영화 제목의 정보를 돌려줍니다.
    return max(items, key= lambda x: x['title_similarity'])
```

이제 가져온 영화 정보들을 깔끔하게 하나로 정리해서 보여줄 겁니다. 네이버의 영화 검색 결과를 메인으로 삼아서 구성하고 The Movie Database에서는 비슷한 영화, 추천 영화를 가져오게 합니다. Daum에서는 관련 동영상을 가져올 것입니다.

코드 15-7 Daum 영화 검색 결과와 The Movie Database의 정보 연결

```python
def collect_movie_info(q) :
    naver_data = get_naver_movie_info(q)

    if naver_data is None :
        return None
```

```python
eng_title = naver_data['subtitle']

themoviedb_data = get_themoviedb_info(q)

# themoviedb의 검색 결과가 있으면 비슷한 영화, 추천 영화를 가져오고
if themoviedb_data is not None :
    themoviedb_movie_id = themoviedb_data['id']

    p = {
        "api_key":"<API 키>"
    }

    similar_movie_url = "https://api.themoviedb.org/3/movie/{}/similar"
        .format(themoviedb_movie_id)
    recommendation_url = "https://api.themoviedb.org/3/movie/{}/recommendations"
        .format(themoviedb_movie_id)

    response = requests.get(similar_movie_url, data=p)
    similar_result = json.loads(response.text)['results']

    response = requests.get(recommendation_url, data=p)
    recommend_result = json.loads(response.text)['results']
else :
    # 검색 결과가 없으면 빈 값으로 설정합니다.
    themoviedb_data = {}
    themoviedb_data['vote_average'] = naver_data['userRating']
    themoviedb_data['release_date'] = naver_data['pubDate']
    similar_result = []
    recommend_result = []

kakao_data = get_kakao_video_search(q + " 영화")

# 네이버 검색 결과의 태그 제거
title = re.sub('<[^<]+?>', '', naver_data['title'])

movie_info = {
    # 결과의 첫 번째 결과 정보들을 넣습니다.
    # 국내 개봉 이름
    "title":title,

    "poster":"https://image.tmdb.org/t/p/w500" + themoviedb_data['poster_path'],

    # 영문 제목
    "eng_title":eng_title,
```

```python
        # 영화 원제
        "ogr_title":themoviedb_data['original_title'],

        # 출연 배우
        # 네이버 영화 정보에서 맨 마지막에 ¦가 붙어 있어서 생기는 빈 요소를 제거합니다.
        "actors" : naver_data['actor'].split("¦")[:-1],

        # 감독
        # 네이버 영화 정보에서 맨 마지막에 ¦가 붙어 있어서 생기는 빈 요소를 제거합니다.
        "director" : naver_data['director'].split("¦")[:-1],

        # 자세히 보러 가기 링크(네이버)
        "detail_link_naver":naver_data['link'],

        # 평점
        "rating": themoviedb_data['vote_average'],

        # 개봉일
        "pub_date" : themoviedb_data['release_date'],

        # 비슷한 영화
        "similar_movies":[item['original_title'] for item in similar_result],

        # 추천 영화
        "recommend_movies":[item['original_title'] for item in recommend_result],

        # 동영상 검색
        "videos" : kakao_data
    }

    return movie_info
```

그럼 새로 파일을 만들거나 인터프리터 상에서 collect_movie_info( )가 제대로 동작하는지
확인해보겠습니다.

코드 15-8 collect_movie_info()의 동작 확인

```python
In[2]:
from movie_search import collect_movie_info

collect_movie_info("너의 이름은")
```

Out[2]:
{'actors': ['지창욱', '김소현', '이레', '카미키 류노스케', '카미시라이시 모네', '타니 카논'],
 'detail_link_naver': 'http://movie.naver.com/movie/bi/mi/basic.nhn?code=150198',
 'director': ['신카이 마코토'],
 'eng_title': 'your name.',
 'ogr_title': ' の は 。',
 'pub_date': '2016-08-26',
 'rating': 8.5,
 'recommend_movies': [' の ',
 ' の の ',
 ' 5センチメートル',
 ' をかける ',
〈중간 생략〉
 'おもひでぽろぽろ',
 'One Piece Film Z',
 'Doragon B ru Zetto: Chiky Marugoto Ch kessen'],
 'title': '너의 이름은.',
 'videos': [
 {'thumbnail': 'https://search3.kakaocdn.net/argon/138x78_80_pr/8IWAOeKr1tG',
  'title': '뒤바뀐 몸, 꼬여 버린 인생 @ 사랑하기 때문에 & 너의 이름은 @ 영화 공작소',
  'url': 'http://www.youtube.com/watch?v=4JZJX—CpbY'},
 {'thumbnail': 'https://search4.kakaocdn.net/argon/138x78_80_pr/B2BtwD9JsKz',
  'title': '<너의 이름은.> 런칭 영상',
  'url': 'http://tv.kakao.com/v/v3d5dtxQtQOtM720QdMdOOd'},
〈중간 생략〉
 {'thumbnail': 'https://search1.kakaocdn.net/argon/138x78_80_pr/F0cRFPbYtvI',
  'title': '<너의 이름은.> 티저 예고편',
  'url': 'http://tv.kakao.com/v/v49e2SbZQupAXsNkFNCkQqS'},
 {'thumbnail': 'https://search1.kakaocdn.net/argon/138x78_80_pr/BqjweLrTzN6',
  'title': '<너의 이름은.> 흥행 공약 영상',
  'url': 'http://tv.kakao.com/v/v5d450PNJNhOub0psPPJsph'}]}

15.3.3 매시업 API 서버 만들기

잘 동작한다면 이제 이 함수를 이용해서 초간단 매시업 API 서버를 만들어보겠습니다. GET 방식으로 검색어를 q에 전달받은 후 앞서 만든 collect_movie_info( ) 매시업 함수로 작업합니다. 파일 이름은 search_server.py입니다.

```
In[3]:
%%writefile search_server.py
# 앞서 만든 영화 정보를 모으는 함수를 불러옵니다.
from movie_search import collect_movie_info
from flask import Flask
from flask import request
from flask import render_template
import json


app = Flask(_name_)


app.debug = True


# 결과를 JSON으로 저장합니다.
@app.route("/movie-search")
def search():
    q = request.args.get("q")
    return json.dumps(collect_movie_info(q),ensure_ascii=False).encode('utf8')


# 결과를 HTML 페이지로 보여줍니다.
@app.route("/movie-search-pretty")
def search_pretty():
    q = request.args.get("q")
    result = collect_movie_info(q)
    return render_template('result.html',item = result)


if _name_ == "_main_":
    app.run()
```

플라스크를 이용해서 API 서버를 만드는 과정은 11장에서 다뤘으니 어렵지 않을 것입니다.

이제 앞 플라스크 웹 서버를 실행한 뒤에 '/movie-search?q=〈영화이름〉'을 검색해보면, 우리가 만든 매시업 API가 동작하는 것을 볼 수 있습니다.

그림 15-12 매시업 API 확인

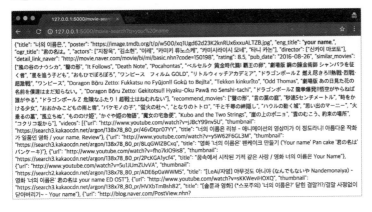

{"title": "너의 이름은.", "poster": "https://image.tmdb.org/t/p/w500/xq1Ugd62d23K2knRUx6xxuALTZB.jpg", "eng_title": "your name.", "ogr_title": "君の名は。", "actors": ["지창욱", "김소현", "이레", "카미키 류노스케", "카미시라이시 모네", "타니 카논"], "director": ["신카이 마코토"], "detail_link_naver": "http://movie.naver.com/movie/bi/mi/basic.nhn?code=150198", "rating": 8.5, "pub_date": "2016-08-26", "similar_movies": ["風の谷のナウシカ", "聲の形", "It Follows", "Death Note", "Pocahontas", "ベルセルク 黄金時代篇I 覇王の卵", "劇場版 鋼の錬金術師 シャンバラを征く者", "星を追う子ども", "おもひでぽろぽろ", "ワンピース フィルム GOLD", "リトルウィッチアカデミア", "ドラゴンボールZ 燃え尽きろ!!熱戦・烈戦·超激戦", "ワンピース", "Doragon Bōru Zetto: Fukkatsu no Fyūjon!! Gokū to Bejīta", "Tekkon kinkurīto", "Odd Thomas", "劇場版 あの日見た花の名前を僕達はまだ知らない。", "Doragon Bōru Zetto: Gekitotsu!! Hyaku-Oku Pawā no Senshi-tachi", "ドラゴンボールZ 龍拳爆発!!悟空がやらねば誰がやる", "ドラゴンボールZ 危険なふたり！超戦士はねむれない"], "recommend_movies": ["聲の形", "言の葉の庭", "秒速5センチメートル", "時をかける少女", "おおかみこどもの雨と雪", "バケモノの子", "蛍火の杜へ", "となりのトトロ", "千と千尋の神隠し", "ハウルの動く城", "思い出のマーニー", "火垂るの墓", "風立ちぬ", "もののけ姫", "かぐや姫の物語", "魔女の宅急便", "Kubo and the Two Strings", "崖の上のポニョ", "雲のむこう、約束の場所", "コクリコ坂から"], "videos": [{"url": "http://www.youtube.com/watch?v=jBCY99nv5U", "thumbnail": "https://search3.kakaocdn.net/argon/138x78_80_pr/46vDtpr07YY", "title": "너의 이름은 리뷰 - 애니메이션의 영상미가 이 정도라니! 아름다운 작화가 일품인 영화 / your name. Review"}, {"url": "http://www.youtube.com/watch?v=y5W62F6GL3M", "thumbnail": "https://search3.kakaocdn.net/argon/138x78_80_pr/8LqGWIZBCxq", "title": "영화 '너의 이름은' 팬케이크 만들기 ('Your name' Pan cake '君の名はパンケーキ')"}, {"url": "http://www.youtube.com/watch?v=fho7kIO9is8", "thumbnail": "https://search3.kakaocdn.net/argon/138x78_80_pr/2PcKGA1ycf4", "title": "꿈속에서 시작된 기적 같은 사랑 / 영화 너의 이름은 Your Name"}, {"url": "http://www.youtube.com/watch?v=5u1JUmZUvVA", "thumbnail": "https://search2.kakaocdn.net/argon/138x78_80_pr/ADE6p0aWWM5", "title": "[LeAi/자영] 아무것도 아니야 (なんでもないや Nandemonaiya) - 영화 '너의 이름은' 君の名は your name ED OST"}, {"url": "http://www.youtube.com/watch?v=sKKWeviHOXQ", "thumbnail": "https://search3.kakaocdn.net/argon/138x78_80_pr/HVXbTmBsh82", "title": "[솔몬과 영화] (*스포주의) '너의 이름은?' 닫힌 결말?!?/결말 사정없이 닫아버리기~ - Your name"}, {"url": "http://blog.naver.com/PostView.nhn?

15.3.4 HTML 렌더링을 위한 템플릿

지금까지 살펴본 매시업 API 서버의 최종 디렉터리 구조는 다음과 같습니다.

```
.
├── movie_search.py
├── search_server.py
└── templates
    └── result.html
```

아까 [코드 15-9]에서 결과를 더 이쁘게 보고 싶어서 /movie-search-pretty라는 API를 만들었습니다. 이 API는 플라스크의 템플릿을 이용합니다. 그래서 몇 가지 사전 작업을 더 해야 합니다.

templates라는 디렉터리를 만들고 아래에 result.html이라는 파일을 만들었습니다. 앞 search_server.py을 보고 눈치챘겠지만, 이 result.html 파일을 토대로 정보를 렌더링할 겁니다.

```
<!DOCTYPE html>
<html>
<head>
    <title>{{item.title}}</title>
</head>
```

```
<body>
    <h2>제목</h2>
    <p>{{item.title}}</p>

    <h3>원제</h3>
    {{item.ogr_title}}

    <h3>영문 제목</h3>
    {{item.eng_title}}

    <h2>포스터</h2>
    <img src="{{item.poster}}">

    <h2>감독</h2>
    {% for i in item.director %}
    <p>{{i}}</p>
    {% endfor %}

    <h2>배우</h2>
    {% for i in item.actors %}
    <p>{{i}}</p>
    {% endfor %}

    <h2>개봉일</h2>
    {{item.pub_date}}

    <h2>평점</h2>
    {{item.rating}}

    <h2>상세정보 링크</h2>
    <a href="{{item.detail_link_naver}}">보러 가기</a>

    <h2>비슷한 영화</h2>
    {% for i in item.similar_movies %}
    <b>[{{i}}]</b>,
    {% endfor %}

    <h2>추천 영화</h2>
    {% for i in item.recommend_movies %}
    <b>[{{i}}]</b>,
    {% endfor %}

    <h2>관련 영상</h2>
    {% for i in item.videos %}
```

```
<p>
    <b>{{i.title}}</b><br>
    <a href="{{i.url}}"><img src="{{i.thumbnail}}"></a>
</p>
{% endfor %}
</body>
</html>
```

이제 '/movie-search-pretty?q=〈영화이름〉'으로 접속하면 영화 이름과 관련된 HTML 페이지를 렌더링해줍니다. CSS가 들어가지 않은 HTML 페이지라 이쁘지는 않지만, 포스터 그림을 표시하고, 관련 영상의 섬네일과 링크를 달아주는 용도로는 충분합니다.

그림 15-13 HTML 페이지

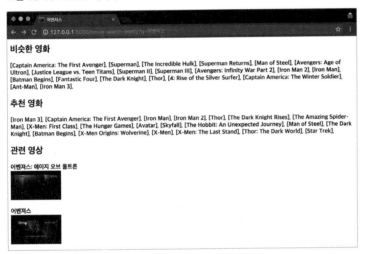

HTML 페이지는 플라스크의 템플릿 렌더링을 활용했습니다. 더 자세한 정보는 플라스크 개발 문서의 Rendering Templates[15]를 참고하기 바랍니다.

---

15 http://flask.pocoo.org/docs/0.12/quickstart/#rendering-templates

15.3.5 매시업 응용

여기서 우리가 만든 건 파이썬을 이용한다는 테두리 안이었습니다. 좀 더 인터넷을 검색해보면 다양한 Open API가 있다는 것을 쉽게 알 수 있습니다. 다양한 분야의 사이트에서 다양한 정보들을 어떻게 엮어내는지가 매시업의 핵심입니다.

인스타그램이나 페이스북, 트위터 같은 SNS를 비롯한 구글 같은 검색 엔진, 아마존 같은 대형 쇼핑몰 등 자사 서비스를 개발자에게 열어둔 회사는 많습니다. 외국과 비교하면 조금 아쉽지만 우리나라도 정부가 제공하는 Open API가 있습니다.

Open API로 얻을 수 있는 데이터, 별도로 얻을 수 있는 대량의 데이터, 위치 정보가 결합하면 굉장히 재미난 서비스를 만들 수 있습니다. 예를 들면 TwiMap[16]처럼 트위터 트윗의 위치 정보를 이용해 트윗과 위치를 지도 위에 표시하는 서비스나 Old Maps Online[17]처럼 구글 지도를 이용해 해당 위치의 옛날 지도를 보여주는 서비스가 있습니다.

데이터가 산더미지만 꿰지 않으면 아무런 소용이 없습니다. 여기서 필요한 게 바로 인사이트 아닐까 싶습니다.

---

16 https://twimap.com/
17 http://www.oldmapsonline.org/

pip 설치와 venv 설정하기

A.1 패키지 관리자 pip

우분투의 aptitude나, macOS의 Homebrew, Node.js의 npm 같은 패키지 관리자가 파이썬에도 있습니다. pip가 그것이죠. pip를 이용하면 거의 모든 파이썬 패키지를 쉽게 사용할 수 있습니다.

A.1.1 우분투에서 설치하기

우분투는 똑똑하게도 pip라는 명령어를 실행하면 패키지 관리자의 저장소에 있는지를 알려줍니다. 따라서 그냥 pip를 실행하면 다음과 같은 메시지를 보여줍니다.

```
$ pip
프로그램 'pip'을(를) 설치하지 않습니다. 다음을 입력해 설치할 수 있습니다:
sudo apt install python-pip
```

맨 아래에 있는 sudo apt install python-pip 명령을 복사하거나 입력해서 실행하면 pip가 설치됩니다.

그림 A-1 pip 명령 실행

```
scott@ubuntu16: ~
scott@ubuntu16:~$ pip
프로그램 'pip'을(를) 설치하지 않습니다. 다음을 입력해 설치할 수 있습니다:
sudo apt install python-pip
scott@ubuntu16:~$ sudo apt install python-pip
sudo: unable to resolve host ubuntu16
[sudo] password for scott:
패키지 목록을 읽는 중입니다... 완료
의존성 트리를 만드는 중입니다
상태 정보를 읽는 중입니다... 완료
The following additional packages will be installed:
  libexpat1-dev libpython-all-dev libpython-dev libpython2.7-dev python-all
  python-all-dev python-dev python-pip-whl python-pkg-resources
  python-setuptools python-wheel python2.7-dev
제안하는 패키지:
  python-setuptools-doc
다음 새 패키지를 설치할 것입니다:
  libexpat1-dev libpython-all-dev libpython-dev libpython2.7-dev python-all
  python-all-dev python-dev python-pip python-pip-whl python-pkg-resources
  python-setuptools python-wheel python2.7-dev
0개 업그레이드, 13개 새로 설치, 0개 제거 및 22개 업그레이드 안 함.
29.8 M바이트 아카이브를 받아야 합니다.
이 작업 후 45.1 M바이트의 디스크 공간을 더 사용하게 됩니다.
계속 하시겠습니까? [Y/n] ▮
```

A.1.2 macOS 및 윈도우에서 설치하기

1.4.3에서 파이썬 최신 개발 환경을 설치했다면 pip가 설치되어 있을 겁니다. macOS는 pip를 따로 설치해주어야 합니다. pip 홈페이지[1]에서 제공하는 설치 스크립트를 이용하는 것입니다. 이는 다른 운영체제에서도 사용할 수 있는 방법이기도 합니다만, 가능하다면 패키지 매니저로 설치하는 방법을 더 추천합니다.

우선 파이썬 실행 환경이 설치되어 있어야 합니다(설치되어 있지 않다면 1.4.2, 1.4.3을 통해서 파이썬 실행 환경을 설치합니다). 그리고 pip 홈페이지의 'Installation[2]'를 참고하여 pip를 설치합니다.

별달리 어려운 것은 없습니다. Installing with get-pip.py 항목 아래에 있는 get-pip.py[3]를 다운로드합니다.

TIP 앞 다운로드 링크의 경우 주소가 바뀔 수도 있으니, pip 홈페이지의 링크를 이용할 것을 권장합니다.

그리고 명령 프롬프트에서 get-pip.py를 다운로드한 경로로 이동한 후 다음 명령을 실행해줍니다.

---

1 https://pip.pypa.io
2 https://pip.pypa.io/en/stable/installing/
3 https://bootstrap.pypa.io/get-pip.py

```
$ python get-pip.py
```

윈도우의 경우 명령 프롬프트를 관리자 권한으로 실행해서 pip를 설치하길 권장합니다. 일반 권한으로 설치할 때는 에러가 발생할 수 있으며, 이는 업데이트할 수 없는 등의 추가 문제가 발생할 수 있기 때문입니다.

우분투일 경우 권한 문제가 있으므로 sudo 명령어를 붙여서 실행합니다.

A.1.3 pip 업그레이드

간혹 최신 pip 버전이 새로운 기능을 사용하는 데 문제가 발생할 수 있습니다. 이런 경우 pip를 업그레이드해주는 것이 좋습니다. 운영체제별로 다음 명령을 실행해서 pip를 업그레이드할 수 있습니다.

```
# 우분투 혹은 macOS의 경우
$ sudo pip install - U pip

# 윈도우의 경우(관리자 권한으로 실행해야 함)
$ pip install - U pip
```

A.2 가상 환경 venv

파이썬으로 무언가를 만들어서 배포하거나, 독립적인 프로그램처럼 실행할 꾸러미를 만들거나, 기존에 설치한 패키지의 영향을 받지 않는 새로운 프로젝트를 만들어야 할 때가 있습니다. 이때 사용하는 것이 가상 환경Virtual Environment입니다. 이를 지원하는 파이썬 내장 패키지는 venv입니다. 파이썬 3.3 이후부터 기본 라이브러리로 추가되어 있으므로 파이썬 3.3 이상의 실행 환경을 설치했다면 별도로 설치할 필요가 없습니다.

venv를 활성화하면 현재 시스템에 기본 설치한 파이썬과 파이썬 패키지를 사용하지 않고, 가상 환경의 파이썬과 파이썬 패키지를 사용합니다. 가상 환경을 설정하고 실행하는 법은 다음과 같습니다.

1 가상 환경 경로(이하 〈venv〉)를 지정해 디렉터리를 만듭니다.

2 1번에서 생성한 〈venv〉/bin/activate를 `source` 명령어로 실행합니다(윈도우라면 activate.bat 혹은 activate.ps1을 실행합니다).

3 가상 환경에 진입합니다.

A.2.1 가상 환경 설정

먼저 첫 번째 단계인 가상 환경 생성을 좀 더 자세히 살펴보겠습니다. 파이썬에서 venv 패키지를 이용해서 가상 환경을 생성하는 방법은 두 가지가 있습니다.

하나는 `python` 명령의 옵션으로 가상 환경을 생성하는 것입니다(윈도우의 경우는 이 명령을 사용하길 권장합니다).

```
$ python -m venv 〈가상환경경로〉
```

다른 하나는 pyvenv 모듈을 사용해 가상 환경 경로를 지정해 생성하는 것입니다.

```
$ pyvenv 〈가상환경경로〉
```

TIP 윈도우에서는 pyvenv 패키지가 위치한 '파이썬실행환경폴더\Tools\scripts'에서 앞 명령을 실행하거나 윈도우의 [시스템 속성] → [환경 변수] → [시스템 변수]의 Path 변수에 해당 경로를 추가해 실행해야 합니다.

앞 두 가지 방법 중 운영체제에 맞춰 자신에게 더 편리한 방법으로 가상 환경을 생성하면 그만입니다.

다음은 venv_test0이라는 가상 환경 디렉터리를 만든 후 `tree` 명령을 실행해 만들어진 가상 환경에 어떤 파일들이 있는지 살펴보는 것입니다.

```
$ python -m venv venv_test0

# 윈도우의 경우
> tree /f venv_test0

# 우분투 혹은 macOS의 경우
$ tree -L 4 venv_test0
```

만약 우분투나 macOS의 경우 tree 명령어가 실행되지 않을 수 있습니다. 이런 경우 다음을
실행해서 tree를 설치하기 바랍니다.

```
# 우분투의 경우
$ sudo apt install tree

# macOS의 경우
$ brew install tree
```

우분투나 macOS의 tree 명령 실행 결과는 다음과 같습니다.

```
venv_test0
├── bin
│   ├── activate
│   ├── activate.csh
│   ├── activate.fish
│   ├── easy_install
│   ├── easy_install-3.6
│   ├── pip
│   ├── pip3
│   ├── pip3.6
│   ├── python -> python3.6
│   ├── python3 -> python3.6
│   └── python3.6 -> /usr/local/Cellar/python3/3.6.3/Frameworks/
│                     Python.framework/Versions/3.6/bin/python3.6
├── include
├── lib
│   └── python3.6
│       └── site-packages
│           ├── __pycache__
│           ├── easy_install.py
│           ├── pip
│           ├── pip-9.0.1.dist-info
│           ├── pkg_resources
│           ├── setuptools
│           └── setuptools-28.8.0.dist-info
└── pyvenv.cfg

11 directories, 13 files
```

bin 디렉터리 아래에 기본 패키지 관리자들과 가상 환경을 활성화하는 스크립트가 있습니다.

lib 디렉터리 아래는 패키지 관리자를 제외하고는 아무것도 없는 상태입니다. 참고로 윈도우의 경우는 디렉터리 구조가 약간 다릅니다. 하지만 개념은 같습니다.

우분투와 macOS에서는 source 명령으로 가상 환경을 실행할 수 있습니다. 다음 명령을 실행합니다.

```
$ source <가상환경경로>/bin/activate
```

가상 환경을 종료할 때는 deactivate 명령어를 실행하면 됩니다. 윈도우라면 두 가지로 나뉩니다. 명령 프롬프트를 사용한다면 <가상환경경로>\Scripts에 있는 activate.bat 파일을 실행합니다.

```
> Scripts\activate.bat
```

가상 환경을 종료할 때는 같은 경로의 deactivate.bat 파일을 실행하면 됩니다.

Windows PowerShell을 사용한다면 <가상환경경로>\Scripts에 있는 activate.ps1 파일을 실행합니다.

```
> .\Scripts\activate.ps1
```

종료할 때는 명령 프롬프트와 조금 다릅니다. deactivate 명령어를 실행하면 됩니다.

> **NOTE_ activate.ps1 파일을 실행할 수 없는 경우**
>
> Windows PowerShell은 기본적으로 외부 스크립트를 실행해서 생기는 보안 문제를 차단하기 위해 스크립트를 실행하지 않도록 설정했습니다. 만약 앞 명령으로 가상 환경을 실행할 수 없다면 다음 명령을 실행해서 외부 스크립트를 실행할 수 있게 바꿉니다.
>
> ```
> > Set-ExecutionPolicy Unrestricted
> ```

명령을 실행하면 아래처럼 터미널의 명령어 입력 줄의 맨 앞에 가상환경 이름이 붙게 됩니다.

```
(venv_test0) <사용자이름>@<현재경로>:~/$
```

이제부터 실행하는 모든 파이썬 명령어 및 pip 패키지 설치는 가상 환경에만 영향을 줍니다.

더 자세한 내용을 알고 싶은 분이라면 파이썬 개발 문서의 '28.3. venv — Creation of virtual environments[4]'를 참고합니다.

A.3 pip와 venv를 동시에 활용하기

pip의 명령어 중에는 freeze가 있습니다. freeze 명령을 지원하는 패키지 리스트를 읽어 들여서 한 번에 설치하는 install -r 옵션이 있죠. 이 명령과 venv를 조합하면 어딜 가든 동일한 파이썬 환경을 순식간에 만들 수 있습니다.

예를 들어 플라스크와 장고 프레임워크가 설치된 상태에서 pip freeze 명령을 실행하면 다음과 같은 출력 결과를 확인할 수 있습니다.

```
click==6.7
Django==1.11.6
Flask==0.12.2
itsdangerous==0.24
Jinja2==2.9.6
MarkupSafe==1.0
pytz==2017.2
Werkzeug==0.11.11
```

앞의 출력 내용은 다음 명령으로 requirements 형식의 텍스트 파일(requirements.txt)로 저장할 수 있습니다.

```
$ pip freeze > requirements.txt
```

이제 A.2를 참고해서 venv 가상 환경을 실행합니다. 그리고 requirements.txt 파일을 가상 환경 시작 디렉터리에 위치시킨 후 다음 명령을 실행해서 새 가상 환경에서 해당 패키지를 설치하게 할 수 있습니다. 새 가상 환경의 깨끗한 pip 목록을 채워줄 수 있는 셈입니다.

```
$ pip install -r requirements.txt
```

4 https://docs.python.org/3/library/venv.html

앞 명령을 실행하면 다음처럼 출력하면서 requirements.txt에 있는 패키지들을 가상 환경에
설치합니다.

```
Collecting click==6.7 (from -r requirements.txt (line 1))
  Using cached click-6.7-py2.py3-none-any.whl
Collecting Django==1.11.6 (from -r requirements.txt (line 2))
  Using cached Django-1.11.6-py2.py3-none-any.whl
Collecting Flask==0.12.2 (from -r requirements.txt (line 3))
  Using cached Flask-0.12.2-py2.py3-none-any.whl
Collecting itsdangerous==0.24 (from -r requirements.txt (line 4))
  Using cached itsdangerous-0.24.tar.gz
Collecting Jinja2==2.9.6 (from -r requirements.txt (line 5))
  Using cached Jinja2-2.9.6-py2.py3-none-any.whl
Collecting MarkupSafe==1.0 (from -r requirements.txt (line 6))
  Using cached MarkupSafe-1.0.tar.gz
Collecting pytz==2017.2 (from -r requirements.txt (line 7))
  Using cached pytz-2017.2-py2.py3-none-any.whl
Collecting Werkzeug==0.12.2 (from -r requirements.txt (line 8))
  Using cached Werkzeug-0.12.2-py2.py3-none-any.whl
Installing collected packages: click, pytz, Django, itsdangerous, Werkzeug,
  MarkupSafe, Jinja2, Flask
  Running setup.py install for itsdangerous ... done
  Running setup.py install for MarkupSafe ... done
Successfully installed Django-1.11.6 Flask-0.12.2 Jinja2-2.9.6 MarkupSafe-1.0
  Werkzeug-0.12.2 click-6.7 itsdangerous-0.24 pytz-2017.2
```

requirements.txt 파일을 이용한 설치 방법의 팁은 스택오버플로의 'How to pip install
packages according to requirements.txt from a local directory?[5]'를 참고하세요.

---

5 https://goo.gl/SpDjRO

IPython과 Jupyter Notebook

파이썬으로 개발하다 보면 기본 파이썬 인터프리터나 번들로 같이 제공되는 IDLE만으로는 아쉬움이 남습니다. 무엇보다 자동 완성이 되지 않는다는 치명적인 약점도 있죠. 또한 기본 인터프리터는 함수나 클래스를 선언할 때 자동 들여쓰기도 되지 않습니다. 진짜로 기본 기능만 있는 셈입니다. 지금부터 소개할 IPython과 Jupyter Notebook은 그런 단점을 해소하는 멋진 파이썬 개발 도구입니다.

B.1 IPython

IPython[1]을 한마디로 이야기하면 기본 파이썬 인터프리터보다 강력한 명령형 셸이라고 할 수 있습니다. 2001년 페르난도 페레즈^{Fernando Perez}가 처음 개발해 공개했고, 많은 파이썬 개발자의 필수 도구로 사랑받고 있습니다. 어떤 점 때문일까요? IPython 홈페이지에서 잘 설명합니다.

- 강력한 대화형 셸.
- Jupyter의 커널 역할.
- 인터렉티브한 데이터 시각화와 GUI 도구 지원.
- 프로젝트에 포함할 수 있는 유연하고, 내장 가능한 인터프리터 제공.
- 병렬 컴퓨팅을 위한 쉬운 고성능 도구 제공.

----

1 http://ipython.org/

그림 B-1 IPython 홈페이지의 소개

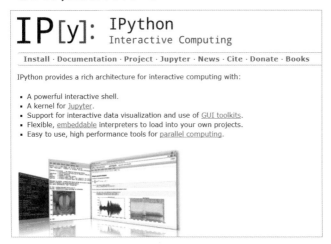

이중 '인터렉티브한 데이터 시각화와 GUI 도구 지원'이라는 부분을 위해 IPython Notebook 이라는 웹 브라우저 기반의 파이썬 실행 도구를 지원했습니다(현재는 Jupyter Notebook으로 통합되었습니다).

웹 브라우저에서 파이썬 코드를 실행하고, 이를 부연 설명하는 텍스트, 수식, 그래프, 이미지를 넣습니다. 실제 결과를 보면 하나의 웹 문서로 보이기도 합니다. 즉, 다른 프로그래밍 언어의 IDE와는 차이가 있겠지만 내가 개발하는 과정을 하나의 문서를 보는 것처럼 체계적으로 정리할 수 있어 문서화에 약한 개발자에게 굉장한 편의성을 제공하는 셈입니다.

그림 B-2 Jupyter Notebook

B.2 Jupyter Notebook

이제 IPython의 소개 두 번째에서 언급한 Jupyter Notebook[2]을 소개할 차례입니다. 한마디로 표현한다면 기존 파이썬 셸을 웹 베이스로 접근할 수 있게 해 모든 과정을 저장해두고, 재실행하거나 수정하기 편하게 만든 것으로 말할 수 있습니다. 즉, Jupyter Notebook이 로컬 서버를 실행해서 웹 애플리케이션을 사용할 수 있게 하면 사용자는 웹 브라우저를 이용해 Jupyter 서버와 통신할 수 있습니다. 이때 로컬 서버의 커널(실제로 그렇지는 않지만 단순하게 이야기하면 '프로그래밍 언어')이 IPython이 되어 파이썬을 실행할 수 있는 것입니다.

그럼 IPython과 Jupyter의 차이는 무엇이냐는 질문을 할 수 있을 것입니다. IPython에 있는 단점 하나는 버전 전환이 번거롭다는 것입니다. 예를 들어 파이썬 2와 파이썬 3을 동시에 다뤄야 하는 프로젝트가 있다고 생각해보죠. IPython의 경우 이러한 버전별 전환이 필요할 때 매번 IPython을 다시 실행하거나 아니면 버전별로 IPython을 따로 실행해두어야 합니다. 이는 굉장히 번거로운 일이죠. Jupyter는 IPython에 별도로 떨어져 나가 다양한 프로그래밍 언어에서도 사용할 수 있도록 설계한 것입니다. 따라서 파이썬 버전 전환 등을 편리하게 할 수 있습니다.

그림 **B-3** Jupyter Notebook의 파이썬 버전 전환

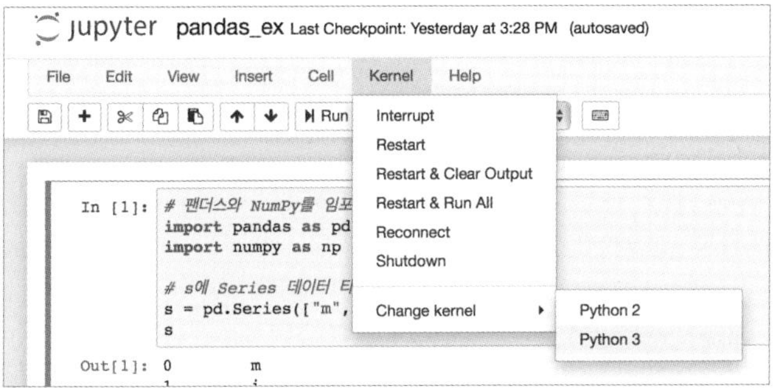

Jupyter Notebook은 크게 두 부분으로 나뉘어 있습니다.

- 웹 애플리케이션: 노트북 문서를 표시하는 웹 브라우저 기반의 인터렉티브 도구.
- 노트북 문서: 앞에서 언급한 웹 애플리케이션에 표시된 모든 데이터(입력, 출력 모두)와 문서, 수식, 이미지를 포함하는 문서.

---

2 https://jupyter.org/

B.3 IPython과 Jupyter Notebook 설치

설치 과정은 간단합니다. pip를 설치했다는 가정 아래 `pip install jupyter` 명령을 가상 환경 등에서 실행하면 됩니다. Jupyter를 설치하면 IPython까지 모두 설치됩니다.

> **NOTE_ Jupyter Notebook과 아나콘다**
>
> 만약 앞 명령어로 설치가 되지 않는다면, 'Installing Jupyter Notebook[2]'에서 설치 방법을 찾아볼 수 있습니다. 또한 Jupyter 홈페이지에서 추천하는 방법은 '아나콘다(Anaconda)'를 사용해 Jupyter Notebook을 설치하는 것입니다.
>
> 아나콘다는 파이썬을 이용해 데이터 분석을 할 수 있게 해주는 무료 엔터프라이즈급 패키지입니다. Jupyter Notebook을 포함한 이 책에서 다루는 다수의 패키지를 한꺼번에 설치할 수 있습니다. https://www.anaconda.com/download/에서 운영체제에 맞는 파일을 다운로드해 설치하면 됩니다.
>
> 이 책에서는 가능하면 꼭 필요한 것만 가볍게 설명하고 넘어가는 것을 목표로 하므로 아나콘다의 설치 방법은 따로 설명하지 않겠습니다. 자세한 내용은 아나콘다 개발 문서의 'Installation[3]' 항목을 참고하기 바랍니다.

B.4 IPython 사용하기

IPython을 실행해보겠습니다. 실행은 간단합니다. 터미널에서 `ipython` 명령어를 실행하면 됩니다. 다음 메시지가 나타납니다.

```
(venv3) ungsikyun@Ungsikui-MacBook-Pro:~/python_tutorial$ ipython
Python 3.6.3 (v3.6.3:2c5fed8, Oct  3 2017, 17:26:49) [MSC v.1900 32 bit (Intel)]
Type 'copyright', 'credits' or 'license' for more information
IPython 6.2.1 -- An enhanced Interactive Python. Type '?' for help.

In [1]:
```

모든 건 기본 파이썬 셸과 동일합니다만 자동 들여쓰기, 탭을 이용한 자동 완성, 간단한 객체 검사, 파이썬 셸에서 로그인 셸 명령 실행 등 여러 멋진 기능들을 제공합니다.

---

3 http://jupyter.readthedocs.io/en/latest/install.html#install
4 https://docs.anaconda.com/anaconda/install/

예를 들어 p를 입력한 다음 [Tab] 키를 누르면, 다음 실행 결과처럼 자동 완성할 수 있는 목록이 나타납니다.

```
In [1]: p
    pass                        %pastebin           pip-selfcheck.json    %pushd
    PendingDeprecationWarning    %pdb                %popd                 %pwd
    PermissionError              %pdef               %pprint               %pycat
    pow()                        %pdoc               %precision            %pylab
    print()                      %%perl              %profile              %%pypy
    ProcessLookupError           %pfile              %prun                 %%python
    property                     %pinfo              %%prun                %%python2
    %page                        %pinfo2             %psearch              %%python3
    %paste                       %pip                %psource              pyvenv.cfg
```

키보드 단축키는 [표 B-1]과 같습니다.

표 B-1 IPython 키보드 단축키

단축키	기능
[←], [→]	한 글자씩 좌우로 이동하기
[Ctrl] + [←], [→]	한 단어씩 좌우로 이동하기
[↑], or [Ctrl] + [P]	입력했던 명령어 검색(과거 순서)하기
[↓] or [Ctrl] + [N]	입력했던 명령어 검색(최신 순서)하기
[Ctrl] + [R]	입력했던 명령어 검색(검색어 입력)하기
[Ctrl] + [Shift] + [V]	클립보드에서 텍스트 붙여넣기
[Ctrl] + [C]	현재 실행 중인 코드 중단하기
[Ctrl] + [A]	커서를 줄의 처음으로 이동시키기
[Ctrl] + [E]	커서를 줄의 끝으로 이동시키기
[Ctrl] + [K]	커서가 위치한 곳부터 줄의 끝까지에 있는 텍스트 삭제하기
[Ctrl] + [U]	현재 입력한 모든 텍스트 지우기
[Ctrl] + [F]	앞으로 한 글자씩 커서 이동시키기
[Ctrl] + [B]	뒤로 한 글자씩 커서 이동시키기
[Ctrl] + [L]	화면 지우기

또한 여러 가지 특수 명령어를 '매직' 명령어라고 부릅니다. [표 B-2]는 주요 매직 명령어를 소개합니다.

표 B-2 주요 매직 명령어

매직 명령어	기능
%quickref	IPython의 빠른 도움말 표시하기
%magic	모든 매직 명령어의 상세 도움말 출력하기
%debug	최근 예외 발생 상황 아래 행에서 대화형 디버거로 진입하기
%hist	명령어 입력(그리고 선택적 출력) 내역 출력하기
%pdb	예외가 발생하면 자동으로 디버거로 진입하기
%paste	들여쓰기가 된 상태로 파이썬 코드 붙여넣기
%cpaste	실행 상태에서 파이썬 코드를 수동으로 붙여넣을 수 있는 프롬프트 표시하기
%reset	대화형 네임스페이스에서 정의한 모든 변수와 이름 삭제하기
%page OBJECT	pager를 이용해 객체 출력하기
%run script.py	IPython 안에서 파이썬 파일 실행하기
%prun statement	cProfile을 이용해 statement를 실행하고 프로파일링 결과 출력하기
%time statement	단일 statement 실행 시간 출력하기
%timeit statement	여러 번 실행한 statement의 평균 실행 시간 출력하기
%who, %who_ls, %whos	대화형 네임스페이스 안에서 정의한 변수 표시하기
%xdel variable	variable을 삭제하고 해당 객체의 모든 IPython 내부 참조 제거하기
%%writefile filename	filename인 파일 생성하기

이러한 기능들을 알아두면 좀 더 편하게 IPython을 이용할 수 있습니다.

B.5 Jupyter Notebook 사용법

본편은 지금부터입니다. Jupyter Notebook의 기본 사용법을 알아야 비로소 파이썬 프로그래밍을 좀 더 편하게 할 수 있습니다. 셀에서 `jupyter notebook` 명령을 실행하면 Jupyter Notebook을 실행할 수 있습니다.

그림 [그림 B-4]처럼 현재 위치를 루트로 하는 Jupyter Notebook 대시보드 화면이 나타납니다. `venv_for_jupyter`라는 가상 환경 디렉터리를 만들고, 해당 가상 환경을 활성화한 상태에서 실행했습니다.

그림 B-4 Jupyter Notebook 루트 화면

오른쪽 위 [New]를 누르면 새 노트북을 만들 수 있습니다. 보다시피 기본적인 텍스트 파일부터, 터미널, 파이썬 버전별 커널, 혹은 설정에 따라 루비, R, Scala 등의 프로그래밍 언어를 선택할 수 있습니다.

그림 B-5 새로운 파이썬 파일 생성

NOTE_ 파이썬 2와 파이썬 3을 동시에 사용하기

Jupyter Notebook을 실행했을 때 파이썬 2와 파이썬 3을 동시에 실행하기 어려운 경우도 있습니다. 이때는 nohup jupyter notebook &이라는 명령으로 Jupyter Notebook을 실행하기 바랍니다. 한번 실행한 이후에는 그냥 jupyter notebook으로 실행해도 파이썬 2와 3을 동시에 사용할 수 있습니다.

[Terminal]을 선택하면 기존 셸 대신 Jupyter Notebook 안에서 셸을 사용할 수 있습니다.

그림 B-6 터미널 사용

이 책에서는 기본으로 파이썬 3를 사용하므로 이를 선택하여 새 노트북을 만들어보겠습니다. [그림 B-7]과 같은 워드프로세서 비슷한 화면이 나타납니다.

그림 B-7 새 노트북 입력 환경

입력하는 곳(셀)이 익숙합니다. B.4에서 봤던 IPython의 커맨드 라인과 비슷합니다. 그리고 기대한 것처럼 IPython과 똑같이 작동합니다. 파일 이름을 바꾸고 싶다면 왼쪽 위 'Untitled'를 선택해 원하는 이름으로 바꿔주면 됩니다.

또한 p를 입력하고 탭을 누르면 자동 완성 기능도 사용할 수 있을 겁니다. 사용자가 선언한 변수나, 클래스, 함수 등도 당연히 나타납니다.

그림 B-8 자동 완성 기능 사용

한편 [Cell] → [Cell Type]을 선택해 셀 타입을 지정한 후 마크다운으로 메시지를 작성할 수 있습니다. 즉, 코드와 코드 사이에 마크다운 문서를 넣어서 인터렉티브한 문서 형태로 만들 수 있는 겁니다.

그림 B-9 셀 타입 지정

그림 B-10 마크다운 작성 예

즉, 파이썬 코드 타입의 셀에 파이썬 코드를 입력하고 마크다운 타입 셀에 마크다운 문법의 텍스트를 적당히 적은 후 [Cell] → [Run Cells] 혹은 [Ctrl] + [Enter]를 입력하면 현재 셀을 실행합니다. [그림 B-11]처럼 짜잔! 바로 그 자리에서 실행되죠.

그림 B-11 파이썬 코드와 마크다운을 함께 작성한 예

이 책에서 설명하는 것 이외에 Jupyter Notebook의 사용법을 모르더라도 걱정할 필요 없습니다. [help] → [User Interface Tour]를 선택하면 주요 기능별로 풍선말과 함께 Jupyter Notebook의 기능을 익힐 수 있도록 돕기도 합니다.

그림 B-12 인터페이스 투어

항상 메뉴를 클릭해서 문서를 작성하기는 귀찮습니다. 따라서 당연히 단축키를 알아두면 좋습니다. [help] → [Keyboard Shortcuts]를 선택해서 어떤 단축키가 어떤 역할을 하는지 알아보세요. Jupyter Notebook 사용에 익숙해지면 각종 단축키를 능수능란하게 이용해서 노트북을 작성하길 권합니다.

그림 B-13 단축키 소개

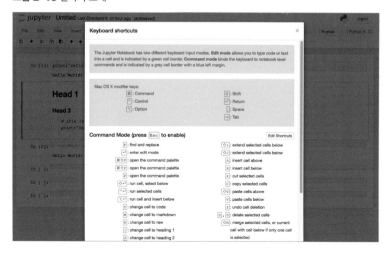

자주 사용하는 몇 가지 단축키는 [표 B-3]에서 소개합니다.

표 B-3 Jupyter Notebook 주요 단축키

단축키	기능
[Ctrl] + [S]	노트북 파일 저장하기
[A]	한 줄 위에 행 추가하기
[B]	한 줄 아래에 행 추가하기
[D], [D]	현재 선택한 행 삭제하기
[Ctrl] + [Enter]	입력했던 명령어 검색(검색어 입력)하기
[Ctrl] + [Shift] + [V]	노트북 파일 실행하기
[Enter]	선택한 셀 입력 시작하기

PEP 8

모두가 코드를 쉽게 읽기 위해서는 먼저 코딩 방법이 구체적으로 정해져 있어야 합니다. 이를 제시하는 것이 PEP 8입니다. PEP는 Python Enhancement Proposals의 약자고, 8이라는 숫자는 'PEP 8 -- Style Guide for Python Code'에서 유래한 것으로, 제목에서 드러나듯 파이썬 코딩 스타일 제안입니다. 사람들이 읽기 좋고, 이해하기 쉬운 코드를 사용하기 위한 표준을 제시해 굉장히 강하게 권하는 코드 작성 방식이죠. 참고로 PEP 8이 따르는 큰 규칙은 앞서 언급한 Zen of Python에 다 담겨 있습니다.

이 문서의 내용은 탭과 스페이스를 결정하는 것에서부터 네이밍 컨벤션까지 코드 가독성에 관한 제안들을 다룹니다. 그리고 IDE 대부분이 이 PEP 8에 맞추어 자동으로 포맷을 해주는 기능을 지원해줄 정도니 파이썬 커뮤니티가 공유하는 코딩 스타일인 셈입니다.

Python Guide[1]에서는 PEP 8이 권장하는 코드 스타일이 무엇인지 구체적인 예를 볼 수 있습니다. PEP 8의 자세한 내용은 이 책에서 하나씩 해당 코딩 컨벤션이 필요한 부분마다 다룰 것입니다(한꺼번에 전부 봐도 기억하기는 쉽지 않을 테니까요!). 여기서는 PEP 8이 다루는 것들을 간단하게만 살펴보겠습니다.

---

1 http://docs.python-guide.org/en/latest/writing/style/

C.1 코드 레이아웃

코드 레이아웃에서는 코드의 전체적인 모습이 어떻게 되어야 하는지 간단하게 설명합니다. 눈에 보이는 파이썬 코딩의 특징들이 나타나는 부분이죠. 가독성과 그에 따른 명시성이 주요 주제가 됩니다.

C.1.1 들여쓰기

4개의 공백을 들여쓰기 단위로 사용할 것을 권장합니다. 그와 더불어 괄호 안의 요소들을 어떻게 정렬하는가도 다룹니다.

올바른 예는 다음과 같습니다.

코드 C-1 들여쓰기의 올바른 예

```
# Aligned with opening delimiter.
foo = long_function_name(var_one, var_two,
                         var_three, var_four)

# More indentation included to distinguish this from the rest.
def long_function_name(
        var_one, var_two, var_three,
        var_four):
    print(var_one)

# Hanging indents should add a level.
foo = long_function_name(
    var_one, var_two,
    var_three, var_four)
```

올바르지 않은 예는 다음과 같습니다.

코드 C-2 들여쓰기의 나쁜 예

```
# Arguments on first line forbidden when not using vertical alignment.
foo = long_function_name(var_one, var_two,
    var_three, var_four)
```

```
# Further indentation required as indentation is not distinguishable.
def long_function_name(
    var_one, var_two, var_three,
    var_four):
    print(var_one)
```

괄호로 묶는 요소들은 암묵적으로 한 행으로 취급합니다. 따라서 따로 역슬래시 등을 이용해 줄이 이어진다는 것을 표시할 필요가 없습니다.

단, 괄호 안의 요소들을 '행'별로 정리할 때 주의해야 할 점이 있습니다. 앞 예처럼 괄호 안의 요소가 아래로 내려오는 것을 매달린 들여쓰기hanging indent라고 합니다. 이러한 매달린 들여쓰기는 괄호 안 첫 번째 요소의 시작 지점에 맞추어야 합니다.

앞 예에서 올바른 예와 올바르지 않은 예의 코드들을 자세히 보기 바랍니다. 올바른 예의 코드 중 첫 번째 요소의 들여쓰기가 어떻게 되어 있는지보다 그 이후 요소의 들여쓰기가 첫 번째 요소의 시작 행에 맞춰져 있는지를 잘 살펴보세요. 그리고 올바르지 않은 예의 항목에서 똑같은 부분이 어떻게 들여쓰기 되어있는지를 살펴보면 됩니다.

C.1.2 탭이냐 스페이스냐

공백, 즉 스페이스를 사용하는 것이 좋습니다. 탭의 경우는 시스템의 설정에 따라 그 너비가 달라질 수도 있습니다. 탭을 사용할 수 있는 경우는 기존 코드가 이미 탭으로 들여쓰기가 되어있는 경우에만 하라고 권장합니다.

C.1.3 한 행의 길이는?

최대 79자를 권장합니다. 한눈에 들어오는 글자 개수가 가로로 얼마나 되는지를 생각해본다면, '79자'라는 숫자는 이해되는 수준입니다. 물론 이 숫자는 공백을 포함한 숫자입니다. 따라서 들여쓰기로 인한 제약을 생각한다면 실제로 한 행에 적을 수 있는 코드의 양은 적겠지요.

이렇게 명시적으로 한 행에 적는 코드의 양을 권장함으로써 한 행에 담기는 코드가 한 가지 의미에 집중되게 하는 효과가 있습니다.

그리고 코드와 달리 들여쓰기의 제약이 없는 주석이나 독스트링docstring의 경우는 72자를 권장합니다.

코드 C-3 올바른 한 행의 예

```
with open('/path/to/some/file/you/want/to/read') as file_1, \
     open('/path/to/some/file/being/written', 'w') as file_2:
    file_2.write(file_1.read())
```

C.1.4 빈 행은 어떻게 얼마나?

파이썬은 가독성을 중시하는 언어입니다. 따라서 함수와 클래스 앞뒤로 빈 행을 얼마나 붙일지도 권장하는 기준이 있습니다. 단순히 코드를 작성한다고 끝나는 것이 아니라, 다른 사람이 읽을 경우까지도 고려하는 코드 작성을 권장하는 것입니다. 어떤 면에서 보면 코드 그 자체를 하나의 예술 작품처럼 대하는 것일지도 모르겠네요. 다음과 같은 권장 사항이 있습니다.

- 최상위 레벨의 함수와 클래스는 두 행의 빈 행로 감쌉니다.
- 클래스 내부의 메서드는 한 행의 빈 행로 감쌉니다.
- 연관된 함수들끼리 구분 짓기 위해 여분의 빈 행을 사용할 수 있습니다. 이런 식의 논리적인 그룹을 짓기 위해 코드 사이에도 빈 행을 사용할 수 있습니다.

코드 작성 예는 다음과 같습니다.

코드 C-4 빈 줄 사용 예

```
class example():

    def func1():
        pass

    def func2():
        pass


    def funca():
        pass
```

```
def     funcb():
        pass
```

C.1.5 소스 코드 파일의 인코딩은 어떻게?

앞서 언급했듯이 파이썬 3에서 py 파일의 기본 인코딩은 UTF-8입니다. 반면에 파이썬 2 py 파일의 기본 인코딩은 아스키^ASCII입니다. 각각의 버전에 따라 기본 인코딩으로 작성한 코드 파일은 별도의 인코딩 선언을 해주지 않아도 됩니다. 파이썬 3의 UTF-8 py 파일, 파이썬 2의 아스키 py 코드 파일의 경우가 이에 해당합니다.

C.1.6 imports

파이썬은 모듈과 패키지를 사용할 때 import 명령어를 사용합니다. 그리고 import 명령어를 사용할 때 권장하는 방법이 있습니다. 당연하게도 말이죠. 한 줄에 하나만 import 명령어를 사용합니다.

코드 C-5 import 사용 예

```
# 올바른 예
import os
import sys

# 잘못된 예
import sys, os
```

앞 코드에서 보는 것처럼 한 행에 하나의 모듈 또는 패키지만을 불러옵니다. 하지만 하나의 모듈이나 패키지에서 함수를 가져오는 경우는 다음 예제처럼 한 행에 해도 괜찮습니다.

코드 C-6 모듈이나 패키지에서 함수를 가져올 때

```
from subprocess import Popen, PIPE
```

와일드카드(*)를 이용한 import 명령어 사용은 권장하지 않습니다. 해당 모듈이나 패키지에

포함된 함수들이 모듈이나 패키지의 네임스페이스를 벗어나게 되기 때문이죠.

코드 C-7 권장하지 않는 import 명령어 예

```
from pkg import *
```

이렇게 작성하면 나중에 다른 네임스페이스에서 와일드카드로 함수를 가져왔을 때 같은 이름의 함수가 있으면 먼저 불러온 함수를 덮어씁니다.

NOTE_ 모듈과 패키지의 차이

모듈과 패키지가 무엇인지와 차이가 궁금할 수 있을 겁니다. 모듈은 미리 구현해놓고 사용하려고 어떤 기능을 담은 하나의 파일을 의미합니다. 보통 모듈 이름이 파일 이름과 같다는 특징이 있어서 파이썬의 파일 이름 생성 규칙을 만족하는 이름을 정해야 합니다. 패키지는 모듈을 모아놓은 것입니다. 여러 가지 모듈이 포함될 수 있습니다. 모듈과 패키지의 관계는 '패키지 = {모듈1, 모듈2…}'라고 표현할 수 있겠습니다.

더 자세한 모듈과 패키지의 차이를 알고 싶다면 'What's the difference between a Python module and a Python package?[2]'를 참고하면 좋습니다.

C.2 공백 표현과 구문

괄호 안의 요소 사이사이에 어떻게 공백을 넣을까도 권장하는 사항이 있습니다. 어떻게 보면 파이썬은 참 깐깐한 언어입니다. 문법으로 포함된 건 아니지만 문법에 버금갈 정도로 매우 강력하게 권장하는 사항에서 공백을 어떻게 하라는 것까지 있으니까요.

C.2.1 성가신 것들

괄호 바로 안쪽에는 가능하면 공백을 사용하지 않도록 합니다.

---

2 http://stackoverflow.com/questions/7948494/whats-the-difference-between-a-python-module-and-a-python-package

코드 C-8 공백 사용 예 1

```
# 올바른 예
spam(ham[1], {eggs: 2})

# 잘못된 예
spam( ham[ 1 ], { eggs: 2 } )
```

쉼표(,), 콜론(:), 세미콜론(;) 바로 앞에는 공백을 가능한 사용하지 않도록 합니다.

코드 C-9 공백 사용 예 2

```
# 올바른 예
if x == 4: print x, y; x, y = y, x

# 잘못된 예
if x == 4 : print x , y ; x , y = y , x
```

물론 예외가 있습니다. 리스트를 구분하는 경우의 콜론은 바이너리 연산자처럼 작동합니다. 즉 양쪽에 같은 중요도의 값을 갖는다는 의미죠. 이럴 때는 콜론의 양쪽에 같은 수의 공백을 넣어 주는 것이 좋습니다. 단, 콜론 사이의 값이 생략되면 공백도 생략해야 합니다.

코드 C-10 공백 사용 예 3

```
# 올바른 예
ham[1:9], ham[1:9:3], ham[:9:3], ham[1::3], ham[1:9:]
ham[lower:upper], ham[lower:upper:], ham[lower::step]
ham[lower+offset : upper+offset]
ham[: upper_fn(x) : step_fn(x)], ham[:: step_fn(x)]
ham[lower + offset : upper + offset]

# 잘못된 예
ham[lower + offset:upper + offset]
ham[1: 9], ham[1 :9], ham[1:9 :3]
ham[lower : : upper]
ham[ : upper]
```

함수를 호출할 때 함께 사용하는 괄호 사이에는 공백을 넣지 않는 것이 좋습니다.

코드 C-11 공백 사용 예 4

```
# 올바른 예
spam(1)

# 잘못된 예
spam (1)
```

앞과 비슷하게 리스트나 딕셔너리의 인덱스를 사용할 때도 리스트나 딕셔너리의 이름과 괄호 사이에 공백을 넣지 않는 것이 좋습니다.

코드 C-12 공백 사용 예 5

```
# 올바른 예
dct['key'] = lst[index]

# 잘못된 예
dct ['key'] = lst [index]
```

변수에 값을 할당할 때 변수 이름, 등호, 값 사이에 하나 이상 공백을 넣지 않는 것이 좋습니다.

코드 C-13 공백 사용 예 6

```
# 올바른 예
x = 1
y = 2
long_variable = 3

# 잘못된 예
x             = 1
y             = 2
long_variable = 3
```

C.2.2 그 외의 추천하는 방법

바이너리 연산자는 공백으로 감싸주는 것이 좋습니다. 또한 연산자 사이에 우선순위가 다를 경우 낮은 우선순위의 연산자에 추가 공백을 넣어주는 것이 좋습니다.

공백을 넣는 것은 자신의 판단에 따르되 하나 이상의 공백을 넣는 것은 피해야 합니다.

코드 C-14 공백 사용 예 7

```
# 올바른 예
i = i + 1
submitted += 1
x = x*2 - 1
hypot2 = x*x + y*y
c = (a+b) * (a-b)

# 잘못된 예
i=i+1
submitted +=1
x = x * 2 - 1
hypot2 = x * x + y * y
c = (a + b) * (a - b)
```

함수 파라미터에 기본값이 있는 경우 해당 값을 할당하는 등호 주위에 공백을 넣지 않는 것이 좋습니다.

코드 C-15 공백 사용 예 8

```
# 올바른 예
def complex(real, imag=0.0):
    return magic(r=real, i=imag)

# 잘못된 예
def complex(real, imag = 0.0):
    return magic(r = real, i = imag)
```

한 행에 여러 개의 구문statement을 작성하지 않는 것이 좋습니다.

코드 C-16 공백 사용 예 9

```
# 올바른 예
if foo == 'blah':
    do_blah_thing()
do_one()
do_two()
```

```
    do_three()

    # 조금 잘못된 예
    if foo == 'blah': do_blah_thing()
    do_one(); do_two(); do_three()

    # 조금 잘못된 예
    if foo == 'blah': do_blah_thing()
    for x in lst: total += x
    while t < 10: t = delay()

    # 확실하게 잘못된 예
    if foo == 'blah': do_blah_thing()
    else: do_non_blah_thing()

    try: something()
    finally: cleanup()

    do_one(); do_two(); do_three(long, argument,
                                 list, like, this)

    if foo == 'blah': one(); two(); three()
```

C.3 주석

올바른 주석 표기 방법을 살펴보겠습니다.

C.3.1 블록 주석

블록 주석은 주석 표시 바로 뒤에 작성하며 코드를 설명하는 역할을 합니다. 주석 각각은 각 행의 처음에서 #으로 시작하며 블록 주석 안의 문단은 # 하나만 있는 행으로 구분합니다.

코드 C-17 주석 사용 예 1

```
# 코드 예제
```

C.3.2 인라인 주석

인라인 주석은 어쩔 수 없는 경우에만 사용할 것을 권장합니다. 해당 구문과 같은 행에 있는 주석이고, 인라인 주석은 해당 구문과 최소 2개 이상의 공백으로 떨어져 있어야 합니다.

명백한 내용을 설명하는 인라인 주석은 사용하지 않는 게 좋습니다.

코드 C-18 주석 사용 예 2

```
x = x + 1                    # x가 1 증가합니다.
```

앞과 같은 형태는 굳이 사용할 필요가 없는 주석이라고 말할 수 있습니다. 하지만 다음 주석은 유용한 주석이 될 수 있습니다.

코드 C-19 주석 사용 예 3

```
x = x + 1                    # 테두리 간격을 조정
```

INDEX